Imprimi potest
Rev.mus D.nus. P. Andrzej Komorowski
superius generalis fssp
Friburgii Helvetiorum, die 5 mensis Martii A. D. 2019

Imprimatur
Ordinarius Episcopalis Curiensis
Curiæ, die 8 mensis Martii A. D. 2019

GABEN DES GEISTES

Christsein konkret

P. Martin Ramm FSSP

Thalwil 2019

Titelfoto: shutterstock.com - seamind224

Bestellmöglichkeiten

ISBN 978-3-96316-029-5

- Internet: www.introibo.net/publikationen.htm

- E-Mail: p.ramm@fssp.ch oder post@fssp.eu

- Post: Priesterbruderschaft St. Petrus
                  Ludretikonerstrasse 3 / CH-8800 Thalwil

- telefonisch: CH   0041-(0)44-772 39 33
                  D   0049-(0)8385-92210
                  A   0043-(0)1-5058341

Spendenkonten

für die Schweiz:
IBAN   CH53 0070 0114 9000 3982 3
Kto. Nr.   1149-0039.823   BIC: ZKBKCHZZ80A
Zugunsten: Priesterbruderschaft St. Petrus, 8800 Thalwil

für Deutschland:
IBAN   DE85 7509 0300 0200 1992 22
BIC   GENODEF1M05
Zugunsten: Priesterbruderschaft St. Petrus e. V.

für Österreich:
IBAN   AT87 3200 0000 0703 7419
BIC   RLNWATWW
Zugunsten: Förderverein St. Petrus

INHALT

EIN BUCH FÜR DICH ?

Gegenstand dieses Büchleins ist der Heilige Geist - und vom Heiligen Geist her unser Christsein.

Das Thema ist sehr aktuell, denn viele Christen stecken in einer tiefen Identitätskrise. Für sie ist *Christsein* ein sinnleeres Wort geworden.

In unserer Zeit gibt es nicht wenige Menschen, die zwar dem Namen nach *Christen* sind, damit aber gar nichts Konkretes verbinden. Sie leugnen Gott. Das tun sie nicht so sehr durch Argumente, wohl aber durch die Art, wie sie leben (vgl. Tit 1, 16). Gott kommt in ihrem Alltag praktisch nicht vor, und er hat keinerlei Einfluss auf ihr Denken und Leben. Eigentlich haben sie Gott schon längst aus ihrem Leben gestrichen, und sie vermissen ihn durchaus nicht.

So leer wie viele Kirchen, so leer wie viele Klöster, so leer wie viele Priesterseminare, nicht weniger sinnentleert sind die Herzen vieler Menschen, die laut Statistik noch immer als *Christen* gelten.

Lieber Leser: Hand aufs Herz! Was würdest du antworten, wenn man dich fragte, was dir dein Christsein bedeutet?

Was kann dich bewegen, dieses Büchlein nun nicht gleich wieder wegzulegen? Ich schreibe es für alle, die Christus suchen oder ihr Christsein vertiefen wollen. Gerne möchte ich ihnen zeigen, wer der Heilige Geist ist und wie sich vom Heiligen Geist her das Christsein definiert.

Sollte jemand dieses Büchlein lesen, der noch gar nicht Christ ist oder Schwierigkeiten im Glauben hat, so möchte ich ihm gerne eine Brücke bauen.

Derselbe Heilige Geist, der Jesus zu *Christus* macht, macht dich zum *Christen*.

Gib mir eine Chance, dir das zu erklären! Komm mit und lass dir zeigen, wer der Heilige Geist ist! Lass dich be-Geist-ern und entscheide dich für ein christliches Leben!

Ich möchte dich einladen, jetzt - und sooft du später nach diesem Büchlein greifst - dir die Gegenwart Gottes bewusst zu machen und dich auch während der Lektüre immer wieder an ihn zu erinnern. Lies es nicht wie einen Roman, sondern betrachte es abschnittsweise und nimm persönlich Stellung!

In dem Maße, wie du ihm dein Inneres öffnest, kann der Heilige Geist machtvoll in dir wirken, dich erleuchten und tief in deinem Herzen die Sehnsucht nach dem wahren Leben wecken, das er dir schenken möchte!

P. Martin Ramm FSSP

GRUNDLEGENDES

Glauben

Christlich *glauben* ist eigentlich ganz einfach, denn die Menschenseele ist von Natur aus dazu geneigt, nach ihrem Ursprung und ihrem Ziel zu fragen, auf ein ewiges Leben zu hoffen und ihren Schöpfer und Herrn zu lieben.

Gott zu lieben ist dem Menschen nicht fremd, denn dazu sind wir ja erschaffen. Als Personen besitzen wir Vernunft und freien Willen:

- Die *Vernunft* hat Gott uns gegeben, damit wir ihn erkennen.

- Den *Willen* hat er uns gegeben, damit wir ihn lieben.

Wer immer sich auf Gott einlässt, kann sich selbst sowohl von seiner *Wahrheit* als auch von seiner *Güte* überzeugen.

Es ist wirklich gut, als katholischer Christ zu leben!

Grundwahrheiten

Der ganze christliche Glaube gründet auf drei fundamentalen Wahrheiten:

1. Es gibt einen *einzigen* Gott, den Schöpfer des Himmels und der Erde.

2. Dieser Gott ist *dreifaltig*. In der Einzigkeit seines göttlichen Wesens existiert eine Dreiheit von Personen: der Vater, der Sohn und der Heilige Geist.

3. Die zweite göttliche Person, der Sohn, ist Mensch geworden: unser Herr Jesus Christus. Er hat durch sein Opfer am Kreuz uns erlöst, durch sein Sterben den Tod besiegt, und er ist glorreich auferstanden.

Natürliche Offenbarung

In allen Dingen fragt die menschliche Vernunft nach den Ursachen. Auf diese Weise erkennen wir Gott als den Schöpfer. In seinen Geschöpfen aber hat Gott Spuren (*vestigia*) hinterlassen, denn aus der Größe und Schönheit der Geschöpfe können wir auf DEN schließen, der die Ursache jeder Größe, Schönheit und Vollkommenheit ist (vgl. Röm 1, 20).

Man nennt dies die *natürliche Offenbarung*.

Übernatürliche Offenbarung

Aus der Schöpfung erkennen wir Gott gleichsam von *außen*. Weil aber Gott von uns geliebt werden möchte und weil die Liebe nach innerer Erkenntnis sucht, zeigt Gott uns nicht nur was er tut, sondern er eröffnet uns auch sein Innerstes. Deshalb tritt neben die *natürliche* Offenbarung in der Schöpfung die *übernatürliche* Offenbarung im Wort.

Der Höhepunkt der göttlichen Offenbarung besteht darin, dass Gott selbst Mensch geworden ist, wie das Evangelium nach Johannes sagt: *„Der eingeborene Sohn, der an der Brust des Vaters ruht, er hat Kunde gebracht." (Joh 1, 18)*

Vor Pontius Pilatus spricht Jesus: *„Ich bin dazu geboren und dazu in die Welt gekommen, dass ich Zeugnis gebe für die Wahrheit. Jeder, der aus der Wahrheit ist, hört auf meine Stimme." (Joh 18, 37)*

Dreifaltigkeit

Gott hat also wirklich gesprochen, und genau aus diesem seinem Wort können wir mit Sicherheit erkennen, dass er unteilbar ein einziger ist und dass zugleich in der Einzigkeit des einen göttlichen Wesens eine Dreiheit von Personen lebt.

Der Glaube an die Allerheiligste *Dreifaltigkeit*, die wir mit einem anderen deutschen Wort auch passend als *Dreieinigkeit* bezeichnen, vermittelt uns eine großartige Ahnung davon, was es bedeutet, dass Gott in sich selbst *Leben* und *Liebe* ist (vgl. Joh 5, 26). Er ist in Wahrheit der *lebendige Gott*, der lebt und liebt als der Vater, der Sohn und der Heilige Geist.

Dieser dreifaltige Gott ist uns nicht fern, denn durch die Sakramente der Taufe, der Firmung und der heiligen Eucharistie sind wir Christen aufs Innigste mit ihm verbunden.

DER HEILIGE GEIST

Kennst du den Heiligen Geist?

Einst kam der hl. Apostel Paulus nach Ephesus und fragte die dortigen Jünger: *„Habt ihr den Heiligen Geist empfangen, als ihr gläubig wurdet?"* Da haben sie ihm staunend erwidert: *„ Wir haben ja nicht einmal gehört, dass es einen Heiligen Geist gibt. "* Sie waren aber entschuldigt, denn sie hatten nur die vorbereitende Bußtaufe des Johannes empfangen (vgl. Apg 19, 2-7).

Heute ist angesichts der aktuellen Glaubenskrise eine ähnliche Unwissenheit freilich auch bei getauften Christen vorstellbar. Es soll sogar Firmgruppen geben, die vom Heiligen Geist mehr oder weniger gar nichts erfahren, sich stattdessen aber tapfer in Sozialkritik, Klimaschutz und ‚Mandalieren' üben. Und wenn auch die Mehrheit der heutigen Christen vermutlich irgendwann einmal vom Heiligen Geist gehört hat, so ist er doch für nicht wenige etwas sehr Unkonkretes. Sehr viele kennen ihn durchaus nicht wirklich.

Was man aber nicht kennt, das kann man auch nicht lieben, und was man nur oberflächlich kennt, das kann man nur oberflächlich lieben.

Ein Christ muss wissen, wer der Heilige Geist ist, damit er in Beziehung zu ihm treten und von ihm her sein Christsein leben kann, denn ohne IHN ist Christsein gar nicht denkbar.

Deshalb suchen wir, in Anlehnung an den hl. Ignatius von Loyola, eine tiefinnere Erkenntnis (*intima cognitio*) des Heiligen Geistes dazu hin, dass wir je mehr IHN lieben und SEINEM Wirken uns öffnen.

Die erste Frage lautet also: *„Wer ist der Heilige Geist?"* Daraus resultiert dann als zweite Frage: *„Wie wirkt der Heilige Geist?"*

Die Dreifaltigkeit als Glaubensgeheimnis

Wir wissen also vom Heiligen Geist, weil Gott selbst sich uns geoffenbart und uns sein Inneres enthüllt hat. Erleuchtet durch diese Offenbarung und beschenkt mit der übernatürlichen Gabe des Glaubens, gelangen wir dahin, unerschütterlich zu glauben und Gott zu lieben aus unserem ganzen Herzen, aus unserer ganzen Seele und mit all unserer Kraft (vgl. Lk 10, 27).

Die Allerheiligste Dreifaltigkeit ist ein Glaubensgeheimnis (*mysterium stricte dictum*). Das bedeutet zweierlei: Erstens wüssten wir es nicht, wenn Gott es uns nicht mitgeteilt hätte, und zweitens übersteigt es, selbst nachdem Gott sich geoffenbart hat, unser Begreifen.

Im Geheimnis der Allerheiligsten Dreifaltigkeit ist gar nichts gegen die Vernunft. Vieles aber ist so hoch und erhaben, dass es die menschliche Vernunft weit übersteigt. Gerade diese Wahrnehmung der Hoheit Gottes führt uns zur Anbetung, und wir beugen demütig die Knie vor dem unfassbar großen, dreifaltigen Gott.

Der Heilige Geist im Neuen Testament

Schwierige Wahrheiten hat Gott nicht auf einmal, sondern *schrittweise* geoffenbart, entsprechend der Fassungskraft der Menschen (vgl. KKK 53).

Auch die Offenbarung der Allerheiligsten Dreifaltigkeit ist im *Alten Testament* zwar vorbereitet, aber noch nicht gänzlich enthüllt. Gott hat *„im Laufe des Alten Bundes Spuren seines trinitarischen Wesens hinterlassen" (KKK 237)*, beispielsweise als *„der Herr"* dem Abraham bei der Eiche von Mamre in Gestalt dreier Männer erschien (vgl. Gen 18, 1 f.) oder bei der Offenbarung des dreimal heiligen Gottes in der Vision des Propheten Isaias (vgl. Is 6, 1-3).

Erst im *Neuen Testament* ist die Allerheiligste Dreifaltigkeit - und damit auch der Heilige Geist - klar und deutlich geoffenbart:

- Bei der Verkündigung der Menschwerdung sprach der Engel zu Maria: *„Der Heilige Geist wird über dich kommen, und die Kraft des Allerhöchsten wird dich überschatten. Darum wird auch das Heilige, das aus dir geboren wird, Sohn Gottes genannt werden." (Lk 1, 35)* Und nachdem Maria ihr Jawort gegeben hatte, kam der Heilige Geist auf sie herab und verlieh ihr wunderbare Fruchtbarkeit, und das Ewige Wort, die zweite Person der Allerheiligsten Dreifaltigkeit, wurde Mensch.

- Bei der Taufe Jesu am Jordan *„öffnete sich der Himmel, und der Heilige Geist stieg in leiblicher Gestalt gleich einer Taube auf ihn herab.*

Und eine Stimme erscholl vom Himmel: Du bist mein geliebter Sohn, an Dir habe ich mein Wohlgefallen." (Lk 3, 22 f.)

- Auch die lichte Wolke, die bei der Verklärung Jesu auf dem Berg Tabor erschien (vgl. Mt 17, 5), wird als Offenbarung der Allerheiligsten Dreifaltigkeit gedeutet. So heißt es in einem Vers zum Fest der Verklärung des Herrn: *„In der strahlenden Wolke erschien der Heilige Geist, die väterliche Stimme erscholl: Dieser ist mein geliebter Sohn, an dem ich Wohlgefallen habe; auf ihn sollt ihr hören!"*

- Nach seiner Auferstehung sandte Jesus die Apostel in alle Welt hinaus und gab ihnen dazu den Taufbefehl, indem er sprach: *„Geht hin und macht alle Völker zu Jüngern, indem ihr sie tauft auf den Namen des Vaters und des Sohnes und des Heiligen Geistes und sie lehrt, alles zu halten, was ich euch aufgetragen habe."* (Mt 28, 19 f.)

- Am Pfingstfest, als nach der Weisung Jesu die Apostel einmütig in Jerusalem versammelt waren, um den verheißenen Beistand zu erwarten, kam der Heilige Geist in Gestalt von Feuerzungen auf sie herab: *„Es erschienen ihnen geteilte Zungen wie von Feuer, das sich auf jeden von ihnen niederließ. Alle wurden vom Heiligen Geist erfüllt."* (Apg 2, 3 f.) Damals hat der Heilige Geist die Herzen der Apostel mit Licht und Kraft erfüllt.

Der Heilige Geist im Glauben der Kirche

Von Anfang an hat die Kirche sich darum bemüht, das ihr von Jesus anvertraute Glaubensgut in Worte zu fassen und Glaubensbekenntnisse zu formulieren. Dazu hat Jesus seiner Kirche den Beistand des Heiligen Geistes gegeben, denn er sprach: *„Der Heilige Geist, den der Vater senden wird in meinem Namen, er wird euch alles lehren und euch an alles erinnern, was ich euch gesagt habe." (Joh 14, 26)*

An erster Stelle steht das altehrwürdige *Apostolische Glaubensbekenntnis*, welches in die Zeit der Apostel zurückreicht und seinen liturgischen Platz im Ritus der Taufe hat. An zweiter Stelle ist jenes Glaubensbekenntnis zu nennen, welches als Frucht der beiden Konzilien von Nizäa (325) und Konstantinopel (381) den Namen *Nizänokonstantinopolitanisches* (oder einfach ‚großes') *Glaubensbekenntnis* trägt.

Beide sollte jeder Christ unbedingt auswendig können, zumal uns das Apostolische Glaubensbekenntnis im Rosenkranzgebet und das ‚große' Glaubensbekenntnis in jeder Sonntagsmesse begegnet.

Im ‚großen' Glaubensbekenntnis bekennen wir: *„Ich glaube an den Heiligen Geist, den Herrn und Lebensspender, der aus dem Vater und dem Sohn hervorgeht; der mit dem Vater und dem Sohn zugleich angebetet und verherrlicht wird; der gesprochen hat durch die Propheten." -* In dieser griffigen amtlichen Formel ist unser Glaube an den Heiligen Geist kurz und bündig zusammengefasst.

16

Dabei sind drei wichtige Punkte ganz besonders zu betonen:

1. Der Heilige Geist ist eine *wirkliche* Person.

2. Der Heilige Geist ist eine vom Vater und vom Sohn *verschiedene* Person.

3. Der Heilige Geist ist eine *göttliche* Person.

Über diese Wahrheiten herrscht nicht selten große Verwirrung, und zwar nicht nur in esoterischen Kreisen, sondern auch in den Köpfen mancher Theologen. Man spricht zwar von ‚heiligem Geist‘, versteht darunter aber eine unpersönliche und zuweilen sogar weibliche Kraft oder kosmische Energie. Die irrige Tendenz zur Entpersönlichung der dritten göttlichen Person wird auch von einigen Bibelübersetzungen begünstigt, die beispielsweise nicht mehr sagen *„der Heilige Geist wird über dich kommen"*, sondern *„heiliger Geist wird über dich kommen"* (vgl. Lk 1, 35).

Mit der Kirche glauben wir, dass der Heilige Geist eine wirkliche Person ist, ein echtes Du. Weil aber auch wir Menschen Person sind, da Gott den Menschen nach seinem Bild erschaffen (vgl. Gen 1, 27) und ihm den Odem des Lebens eingehaucht hat (vgl. Gen 2, 7), sind wir zur innigen persönlichen Beziehung mit dem Heiligen Geist befähigt.

Und weil der Heilige Geist *göttliche* Person ist, ist es zu schwach, nur allgemein von einer *Verehrung* des Heiligen Geistes zu sprechen. Jedenfalls ist es nicht Verehrung in dem Sinn, wie wir die Gottesmutter

Maria oder die Heiligen verehren. Vielmehr beten wir IHN an und verherrlichen IHN als den, *„der aus dem Vater und dem Sohn hervorgeht"*. Dabei denken wir daran, dass Jesus klar und deutlich bezeugt, dass der Heilige Geist sowohl vom Vater ausgeht als auch vom Sohn gesandt wird, denn er sagt: *„Wenn aber der Beistand kommt, den ich euch senden werde vom Vater, der Geist der Wahrheit, der vom Vater ausgeht, wird er Zeugnis geben von mir."* (Joh 15, 26)

Lieber Leser: Nehmen wir dieses Mysterium des göttlichen Geistes gläubig an, und zwar genau so, wie die Kirche es uns lehrt! Lassen wir unseren Geist in betender Betrachtung von seinem Licht erfüllen! Bitten wir den Heiligen Geist, dass er unseren Glauben immer mehr vertieft und stärkt!

Der Heilige Geist in der Heilsgeschichte

Nun schlagen wir in fünf Schritten einen großen Bogen, ausgehend von den Anfängen der Heilsgeschichte, um auf diese Weise zu zeigen, welch hohe Bedeutung der Heilige Geist für unser persönliches Christsein hat.

Erster Schritt: Die Schöpfung

Ein bekannter Pfingsthymnus nennt den Heiligen Geist den *Schöpfer Geist* (*Creator Spiritus*). Dieses Wort erinnert an den zweiten Vers, ganz am Anfang der Bibel, wo es heißt: *„Der Geist Gottes schwebte über den Wassern." (Gen 1, 2)*

Die Kirchenväter und Theologen, bis hin zu Papst Benedikt XVI. (vgl. ‚Sacramentum Caritatis', Nr. 12), sind sich darüber einig, dass der Heilige Geist in der Schöpfung am Werk war. Er war es, der ordnend und befruchtend über der Urflut schwebte und aus dem noch ungeordneten *Chaos* einen wunderbaren *Kosmos* bildete, ein Paradies der Wonne.

Zweiter Schritt: Der Mensch

Für dieses Paradies schuf Gott den Menschen. Er formte ihn aus dem Erdboden und *„hauchte in sein Angesicht den Odem des Lebens, und der Mensch ward ein lebendes Wesen" (Gen 2, 7).*

Ein *lebendes* Wesen aber war der Mensch in zweifacher Hinsicht, denn Gott gab ihm nicht nur das *natürliche,* sondern auch ein *übernatürliches* Leben.

Der Glaube lehrt nämlich, dass ursprünglich der Mensch im *Stand der Gnade* erschaffen war. Folglich können wir auch in dem, was die Heilige Schrift *Odem des Lebens* nennt, den Heiligen Geist erkennen. Wie im großen Kosmos der Schöpfung, so wirkte er auch im Innern des Menschen, und SEIN Werk ist es, dass der Mensch *„in seinem ganzen Wesen heil und geordnet"* (KKK 377) war. Darum gilt in ganz besonderer Weise auch für den Menschen: *„Gott sah alles, was er gemacht hatte, und siehe, es war sehr gut."* (Gen 1, 31)

So hat Gott den Menschen gedacht, und *so* hat er ihn erschaffen. Man nennt diesen Zustand die *Urstands-gerechtigkeit.* Es gab nicht nur ein Paradies *um* den Menschen herum, sondern auch *im* Menschen war ein Paradies, denn eine Seele im Stand der Gnade, die von Gott erfüllt ist und in Vertrautheit mit ihrem Schöpfer lebt, ist wahrhaft ein Paradies.

Der Mensch ist wie ein Tempel, in dem Gott wohnen will. Durch die heiligmachende Gnade sind wir *„teilhaft göttlicher Natur"* (2 Petr 1, 4). Genau diese Teilhabe an der göttlichen Natur des himmlischen Vaters aber macht uns Menschen zu Kindern Gottes und zu Erben des Himmels, wie der hl. Apostel Paulus sagt: *„Sind wir aber Kinder, dann auch Erben, Erben Gottes und Miterben Christi."* (Röm 8, 17)

Ganz schön also war der Mensch nach der ursprünglichen Absicht des Schöpfers, im Stand der Gnade erschaffen, vom Heiligen Geist erfüllt!

Dritter Schritt: Der Sündenfall

An dritter Stelle betrachten wird den *Sündenfall*. Gott gab nämlich dem Menschen ein Gebot, doch er hat den Gehorsam verweigert (vgl. Gen 2, 16 f.).

Gehorchen bedeutet: Ich anerkenne Dich als meinen Gott und halte deshalb Dein Gebot. Die Schlange aber sagte: *„Ihr werdet* (selbst) *sein wie Gott." (Gen 3, 5)* Der Ungehorsam ist Auflehnung und Ablehnung.

Beim Sündenfall erging es dem Menschen ganz ähnlich wie jenem Mann im Gleichnis vom barmherzigen Samariter, der unter die Räuber fiel: *„Die plünderten ihn aus, schlugen ihn wund, ließen ihn halbtot liegen und gingen davon." (Lk 10, 30)*

- Adam war *ausgeraubt*, denn sowohl die übernatürlichen als auch die besonderen Gaben des Paradieses kamen ihm abhanden. Auch erkannten sie, *„dass sie nackt waren" (Gen 3, 7)*, hatten sie doch das Gnadenkleid verloren und waren bis auf den Grund ihrer Seele entblößt.

- Er war *wundgeschlagen*, denn seine Natur war schwer verwundet. Die innere Ordnung und Harmonie seiner Seelenkräfte war verloren, und die böse Begierlichkeit (*concupiscentia*) hatte Einzug in sein Inneres gehalten.

Der Mensch fiel zurück ins Chaos, und mit ihm fiel die ganze Schöpfung, so dass Paulus sagt: *„Wir wissen, dass bis zur Stunde die gesamte Schöpfung mit in Seufzen und Wehen liegt." (Röm 8, 22)*

Vierter Schritt: Jesus Christus

Nachdem durch die Sünde der Mensch die Gabe des Geistes verloren hatte, hat Gott selbst ihm neue Hoffnung gegeben, indem er den *Erlöser* verhieß. Erwartet wurde dieser unter dem Titel ‚der *Gesalbte* des Herrn' (hebr. *Messias*, griech. *Christos*).

Was aber besagt diese *Salbung*? So wie das Salböl alles durchdringt, so ist Christus vom Geist gesalbt und durchtränkt. In ihm ist erfüllt, was der Prophet Isaias vorausgesagt hat: *„Ein Reis wird hervorgehen aus der Wurzel Jesse, und eine Blüte bricht hervor aus seinem Wurzelstock. Auf ihm wird ruhen der Geist des Herrn." (Is 11, 1 f., vgl. Is 61, 1)*

Schon im Namen *Christus* ist also die Salbung durch den Heiligen Geist enthalten! *Christus* ist wieder im vollen Besitz jener Gabe, die einst Adam verloren hat. Er ist in seiner mit der Gottheit vereinten menschlichen Natur vom Geist gesalbt, wie der Katechismus lehrt: *„Die menschliche Natur, die der Erlöser annimmt, ist ganz vom Heiligen Geist gesalbt. Jesus wird durch den Heiligen Geist zum Christus."* (KKK 695)

- *Jesus* ist also sein Name.
- Sein Titel aber ist *Christus*.

Wenn ich sage *Jesus Christus*, so bekenne ich: Er ist es, auf dem der Geist ruht! Er ist vom Heiligen Geist gesalbt! - Für unsere Betrachtung ist das ein äußerst wichtiger Punkt.

Der *alte* Adam hat durch die Sünde die Gabe des Geistes verloren. Jesus Christus jedoch ist *als Mensch* wieder Träger des Heiligen Geistes. Deshalb wird er mit Recht der *neue* Adam genannt.

Es wäre nun lohnend, im Evangelium all jene Stellen zu betrachten, die sich auf Jesus als *Christus* beziehen, angefangen von der Verkündigung, als der Engel zu Maria sprach: *„Der Heilige Geist wird über dich kommen, und die Kraft des Allerhöchsten wird dich überschatten. Darum wird auch das Heilige, das aus dir geboren wird, Sohn Gottes genannt werden."* *(Lk 1, 35)*

Dabei ist es bemerkenswert, dass, weil Gott *in Maria* Mensch geworden ist, die menschliche Natur des Gottessohnes nirgends anders als unter ihrem Herzen vom Heiligen Geist gesalbt wurde. Darum ist es gewiss kein Zufall, dass Maria auch am Pfingsttag inmitten der Apostel war, als der *neue Leib Christi*, die Kirche, vom Heiligen Geist erfüllt wurde (vgl. Apg 1, 14).

Die Gabe des Geistes, die Adam infolge des Griffs nach der Frucht des *Baumes* verloren hat, reicht Jesus uns als Frucht vom *Baum*, nämlich vom Kreuzesbaum her, zurück. Deshalb schauen wir nun auf das Kreuz: Als nämlich Jesus *„durch den Heiligen Geist sich selbst als ein unbeflecktes Opfer" (Hebr 9, 14)* dem himmlischen Vater dargebracht hatte und gleich wie Adam bei der Erschaffung Evas (vgl. Gen 2, 21) gewissermaßen am Kreuz ‚schlief', wurde aus seiner

Seite eine *neue Eva* geboren, und das ist die Kirche. Seine Seite wurde, durch die Rippen hindurch, mit einer Lanze geöffnet, *„und sogleich kam Blut und Wasser heraus"* *(Joh 19, 34)*. Beide sind Symbol für die Sakramente, insbesondere für die *Taufe* und die heilige *Eucharistie*.

Sterbend am Kreuz hauchte Jesus seiner Braut den *Odem des Lebens* ein, und so ward sie zu einem lebendigen Wesen, zum neuen Leib Christi.

Besonders deutlich wird das, wenn man die entsprechende Stelle lateinisch liest, nämlich in der Bibelübersetzung der *Vulgata* des hl. Kirchenvaters Hieronymus. Dort heißt es bei Matthäus: *„Iesus autem, iterum clamans, voce magna emisit spiritum. - Jesus aber rief wiederum mit lauter Stimme und sandte aus den Geist."* *(Mt 27, 50)* Und bei Johannes: *„Et inclinato capite, tradidit spiritum. - Und mit geneigtem Haupt übergab er den Geist."* *(Joh 19, 30)* Die wörtliche Übersetzung dieser beiden Verse kann sehr helfen, sich dem Geheimnis der Kirche zu nahen.

Was aber Jesus sterbend am Kreuz begann, das hat er am Pfingstfest vollendet, als der Heilige Geist sichtbar in Gestalt feuriger Zungen auf die Apostel herabkam (vgl. Apg 2). In diesem Zusammenhang lesen wir die Worte aus dem ersten Johannesbrief: *„Wenn wir einander lieben, bleibt Gott in uns, und seine Liebe ist in uns vollendet. Daran erkennen wir, dass wir in ihm bleiben und er in uns, dass er uns von seinem Geist gegeben hat."* *(1 Joh 4, 12 f.)*

24

Und der hl. Apostel Paulus sagt im Brief an Titus: *„Erschienen ist die Güte und Menschenliebe Gottes, unseres Erlösers. Nicht aufgrund von Werken der Gerechtigkeit, die wir getan, sondern nach seiner Barmherzigkeit hat er uns errettet durch das Bad der Wiedergeburt und der Erneuerung im Heiligen Geist, den er überreich über uns ausgegossen hat durch Jesus Christus, unseren Heiland, damit wir, gerecht gemacht durch seine Gnade, Erben seien gemäß der Hoffnung auf das ewige Leben in Christus Jesus, unserem Herrn." (Tit 3, 4-7)*

Wenn wir das bedenken, sollte unser Herz ein klein wenig schneller schlagen, denn nicht irgendwer ist gemeint, sondern *du* und *ich.* Derselbe Heilige Geist, der Jesus als *Christus* salbt, wirkt fortan auch in den Gliedern jenes neuen Leibes, der Kirche, und das sind *wir,* die *Christen* (vgl. 1 Kor 6, 15-20; 12, 27)!

Dieser Gedankengang - ausgehend vom Schöpfergeist, der über dem Wasser schwebt, befruchtend ordnet und Leben schafft und auch den Menschen mit dem *Odem des Lebens* erfüllt, über den Sündenfall bis hin zum verheißenen Christus und seinem Sterben am Kreuz - führt uns zu der so wichtigen Frage: Was *ist* ein Christ?

Wenn du also wissen willst, was ein *Christ* ist, musst du zuerst wissen, wer *Christus* ist. Und wenn du wissen willst, wer *Christus* ist, musst du zuerst wissen, wer der *Heilige Geist* ist. Von *Christus* her bist du ein *Christ,* ein *Gesalbter* des Herrn!

Fünfter Schritt: Der Christ

Am Pfingsttag erscholl vom Himmel her ein Klang wie von einem daherfahrenden gewaltigen Sturm und erfüllte das ganze Haus (vgl. Apg 2, 2). Das *Haus* ist Symbol für die Kirche. In diesem *Haus* (vgl. 1 Petr 2, 5) wurden zunächst die Apostel vom göttlichen Feuer erfasst (vgl. Lk 12, 49), damit es dann durch sie weitergegeben werde an alle anderen, die *im Haus* sind.

Nachdem die Apostel durch die pfingstliche Geistsalbung vom Heiligen Geist dazu befähigt waren, Zeugen für Christus zu sein (vgl. Apg 1, 8) und sein Evangelium bis an die Grenzen der Erde zu verkünden, begannen sie damit, die Menschen zu taufen und ihnen danach die Hände aufzulegen (vgl. Apg 8, 16 f.), damit sie gesalbt werden vom Heiligen Geist.

Das deutsche Wort *Taufe* kommt von *tauchen*, denn durch das Sakrament der Taufe sind wir gleichsam hineingetaucht in das Sterben Christi, damit wir durch die Gemeinschaft mit seinem Leiden mit IHM zum neuen Leben und zur Auferstehung gelangen, wie der hl. Apostel Paulus sagt: *„ Wir alle, die in Christus Jesus getauft sind, sind auf seinen Tod getauft. Denn wir sind durch die Taufe mit ihm begraben in seinen Tod, damit, wie Christus durch die Herrlichkeit des Vaters von den Toten auferstanden ist, auch wir in der Neuheit des Lebens wandeln. Wenn wir nämlich mit eingepflanzt sind in die Ähnlichkeit seines Todes, so werden wir es auch in die seiner Auferstehung sein."* (Röm 6, 3-5)

Wie der Heilige Geist im Anfang der Schöpfung über der Urflut und bei der Taufe Jesu über dem Jordan schwebte, so schwebt er auch über dem Wasser der Taufe. Das wird in der Ostervigil eindrücklich dargestellt, indem sich der Priester zur Weihe des Taufwassers mehrfach niederbeugt und über das Wasser haucht, wie Jesus es nach seiner Auferstehung tat, als er die Apostel anhauchte und sprach: *„Empfangt den Heiligen Geist!" (Joh 20, 22)*

Die Erlösung durch Jesus Christus ist gleichsam eine *Neuschöpfung*, und so schließt sich der Bogen von der *ersten* Schöpfung, wie der hl. Apostel Paulus sagt: *„Ist also einer in Christus, so ist er eine neue Schöpfung; das Alte ist vergangen; siehe, ein Neues ist geworden." (2 Kor 5, 17)*

Suchen wir gut zu verstehen, dass der Name *Christ*, den wir tragen, vom Heiligen Geist herkommt. Er, der Jesus zu *Christus* macht, macht dich zum *Christen*! Verstehst du das jetzt besser?

Lieber Leser: Wenn du betest *„Veni, Creator Spiritus! - Komm, Schöpfer Geist!"*, dann bitte darum, dass der Heilige Geist, der einst das Werk der Schöpfung begonnen hat, es auch in dir vollende! Dein Heil hängt davon ab, ob du dich von ihm berühren und leiten lässt.

Es ist hoher Adel, ein Christ zu sein, und zugleich ist es sehr anspruchsvoll, denn es ist so, wie ein altes französisches Sprichwort sagt: *„Noblesse oblige! - Adel verpflichtet!"*

Willst du den christlichen Namen in Ehren halten, so denke, ausgehend von der Erkenntnis, *was* ein Christ ist, darüber nach, *wie* ein Christ sein soll. Erkenne, dass du umso mehr Christ bist, je mehr du unter der Einwirkung des Heiligen Geistes lebst und handelst!

Es wäre nicht genug, diese Zeilen nur zu lesen. Betrachte diese Wahrheit im Gebet!

Sprich mit der ganzen Kirche: *„Veni, Sancte Spiritus! Reple tuorum corda fidelium, et tui amoris in eis ignem accende. Emitte Spiritum tuum et creabuntur, et renovabis faciem terræ! - Komm, Heiliger Geist! Erfülle die Herzen Deiner Gläubigen, und entzünde in ihnen das Feuer Deiner Liebe! Sende aus Deinen Geist, und alles wird neu geschaffen, und Du wirst das Angesicht der Erde erneuern!"*

Falle nieder und bete IHN an, *„der zugleich mit dem Vater und dem Sohn angebetet und verherrlicht wird"*!

Göttliches Feuer

Die zweite göttliche Person ist Mensch geworden: Jesus Christus. Deshalb können wir ihn auch als einen Menschen mit menschlichem Angesicht darstellen. Die dritte göttliche Person aber, der Heilige Geist, ist zwar nicht Mensch geworden, doch hat er sich in verschiedenen Symbolgestalten gezeigt, deren bedeutsamste das *Feuer* ist: *„Als die Tage des Pfingstfestes erfüllt waren, waren alle Jünger beisammen am selben Ort. Und plötzlich erscholl vom Himmel her ein Klang wie von einem daherfahrenden heftigen Sturm und erfüllte das ganze Haus, in dem sie saßen. Und es erschienen ihnen geteilte Zungen wie von Feuer, das sich auf jeden von ihnen niederließ. Alle wurden vom Heiligen Geist erfüllt und begannen in verschiedenen Sprachen zu reden, wie der Heilige Geist ihnen zu reden verlieh."* (Apg 2, 1-4)

Mehrere Stellen der Heiligen Schrift sprechen vom Feuer als göttlichem Symbol, wie beispielsweise der hl. Apostel Paulus im Brief an die Hebräer, wo er sagt: *„Unser Gott ist verzehrendes Feuer."* (Hebr 12, 29)

Besonders bemerkenswert ist, dass Jesus im Hinblick auf das Wirken des Heiligen Geistes sagt: *„Ich bin gekommen, Feuer auf die Erde zu senden, und was will ich anders, als dass es brenne?"* (Lk 12, 49)

Das Feuer veranschaulicht die Art und Weise, wie der Heilige Geist wirkt, weshalb der Katechismus sagt: *„Das Feuer ist Sinnbild des Heiligen Geistes, der, was er erfasst, umwandelt."* (KKK 696)

Nun stellt sich aber die Frage, was dieses göttliche Feuer für uns bedeutet und inwieweit wir tatsächlich bereit sind, uns davon erfassen zu lassen. Diese tiefgreifende Umwandlung kann nämlich nicht willenlos geschehen, denn Gott zwingt uns nicht. - Du kannst nur dann umgewandelt werden, wenn du es selbst willst!

Dabei gehst du kein Risiko ein, denn wenn du dich ihm übergibst, wird der Heilige Geist deine Freiheit nicht mindern, sondern sie erhöhen. Sei dir bewusst, dass das *Verwandelt-werden-Wollen* unbedingt zum wahren Christsein gehört!

Betrachten wir also einige der natürlichen Eigenschaften des Feuers, durch welche es zum Sinnbild des Heiligen Geistes wird.

Erste Eigenschaft: Das Feuer läutert

Die Heilige Schrift spricht wiederholt vom Gold, das im Feuer geprüft und geläutert wird. Dabei ist daran zu denken, wie das Gold in der Feuersglut geschmolzen und dann von Schlacken und Fremdstoffen gereinigt wird. Das ist ein Bild für die Mühen des Lebens, durch die der Geist Gottes die Menschen prüft.

Dazu sagt der hl. Apostel Petrus: *„Freut euch darüber, auch wenn ihr jetzt, wenn es sein soll, für eine Weile durch mancherlei Anfechtungen bedrückt werdet. Euer Glaube soll dadurch als echt sich erweisen und weit kostbarer als vergängliches, im Feuer geläutertes Gold." (1 Petr 1, 6 f.)* Und im Alten Testament sagt Jesus Sirach: *„Was immer auch über dich kom-*

men mag, nimm an, und sei geduldig in der Krankheit und in Not! Im Feuer nämlich wird das Gold geprüft, wer Gott gefällt, im Flammenherd der Not. Vertrau auf Gott, er nimmt sich deiner an; und hoff auf ihn, so wird er deine Wege ebnen!" (Sir 2, 4-6)

Wir wissen, dass wir der Läuterung bedürfen, denn als schwache Menschen sind wir mit dem ‚Rost der Sünde' behaftet. Und weil jede noch so kleine Sünde zwischen uns und Gott steht und die Vereinigung mit ihm beeinträchtigt, ist der erste *Weg*, den wir gehen müssen, um uns Gott zu nahen, der *Weg der Läuterung (via purgativa)*. - Willst du also geläutert werden? So wirf dich in dieses Feuer! Dazu bete mit dem hl. Bruder Klaus von Flüe: *„Mein Herr und mein Gott, nimm alles von mir, was mich hindert zu dir!"*

Zweite Eigenschaft: Das Feuer leuchtet

Wie das Licht des Feuers die Dunkelheit besiegt, so will der Heilige Geist die Seelen von der Finsternis der *Unwissenheit (ignorantia)* befreien, indem er sie mit dem Licht der Wahrheit erleuchtet.

Tragischerweise gibt es Menschen, die die religiöse Unwissenheit gar nicht als Finsternis wahrnehmen. Sie befinden sich völlig im Nebel, wissen weder woher sie kommen noch wohin sie gehen, und der Sinn ihres Lebens liegt ihnen im Dunkeln. Doch statt ihre Blindheit von Gott her erleuchten zu lassen, folgen sie esoterischen Irrlichtern und suchen ‚Moksha' in der Finsternis alten Heidentums.

Gott allein *kann* und *will* die Blindheit unseres Herzens heilen und uns mit Licht durchfluten. Was aber vom göttlichen Feuer erfasst wird, das wird Glut.

Der Blinde vor Jericho (vgl. Lk 18, 35-43) hat das Licht am richtigen Ort gesucht, denn er wandte sich an Jesus und bat: *„Herr, dass ich sehe!"* Er aber sprach zu ihm: *„Sei sehend! Dein Glaube hat dir geholfen."*

Aus dem Stufengebet zu Beginn der heiligen Messe ist uns der Flehruf vertraut: *„Emitte lucem tuam et veritatem tuam! - Sende aus Dein Licht und Deine Wahrheit!" (Ps 42, 3 Vulg.)* Wäre dieser Vers nicht bestens geeignet als Stoßgebet um den Beistand des Heiligen Geistes? Mit den Worten der Pfingstsequenz beten wir: *„Komm, Heiliger Geist, und sende vom Himmel her einen Strahl Deines Lichtes!"* Erfülle unser Innerstes, und was immer in uns unerleuchtet ist, das mache hell durch Dein Kommen!

Dritte Eigenschaft: Das Feuer wärmt

Es ist ganz und gar unmöglich, vom Heiligen Geist erfüllt und dabei zugleich seelisch *kalt* zu sein, denn bei ihm ist es wie mit der Sonne, die, sobald sie aufgeht, Wärme spendet (vgl. Sir 43, 2). Herzenskälte jedoch geht stets einher mit einem Mangel an Liebe zu Gott und zum Nächsten.

Weil wir aber in der Schwachheit der menschlichen Natur von *Abkühlung* und *Lauheit* bedroht sind, beten wir mit den Worten der Pfingstsequenz: *„Fove quod est frigidum! - Wärme, was erkaltet ist!"*

Wie herrlich es ist, wenn eine Seele sich vorbehaltlos dem Heiligen Geist hingibt, damit er sie mit göttlicher Liebe erwärme und sie sich mit Herzlichkeit,
Anteilnahme, Sanftmut und jeder Art von Tugend
füllt. Das wird ganz deutlich an den Heiligen!

Vierte Eigenschaft: Das Feuer brennt den Ton

Schließlich betrachten wir die Wirkweise des göttlichen Feuers im Bild vom Töpfer und vom Ton. Ein
aus Lehm geformtes Gefäß muss nämlich gebrannt
werden, denn erst im Feuer erhält es Festigkeit und
wird haltbar.

Und woraus wurde der Mensch erschaffen? Nicht
umsonst streut die Kirche den Nachkommen des aus
Erde geformten Adam zu Beginn der Fastenzeit ge-
weihte Asche aufs Haupt und spricht: *„Memento,
homo, quia pulvis es ... ! - Gedenke, Mensch, dass du
Staub bist, und zum Staub kehrst du zurück!"*

Wir machen an uns selbst die Erfahrung von
Schwachheit und Verwundbarkeit. Deshalb ruft die
Kirche mit gutem Grund den Heiligen Geist mit seinem pfingstlichen Feuer auf alle Gläubigen herab,
denn wie anders soll der irdene Mensch Festigkeit finden, als wenn er vom Heiligen Geist *gebrannt* wird?
Genau das ist der Weg, auf dem ein galiläischer Fi-
scher zum petrinischen Felsen wurde (vgl. Mt 16, 18),
und nichts anderes sind die Heiligen, als im Feuer des
Heiligen Geistes *gebrannte* Menschen.

Lassen auch wir uns in diesem Feuer brennen!

Seelengast

Schon im Alten Testament war Gott dem auserwählten Volk sehr nahe: *"Der Herr zog am Tage vor ihnen in einer Wolkensäule her, um ihnen den Weg zu zeigen, bei Nacht aber in einer Feuersäule, um ihnen Licht zu spenden."* (Ex 13, 21) Im Neuen Testament geht er jedoch noch viel weiter. Er hat nicht nur *unter* seinen Jüngern gewohnt, sondern will *in* ihnen sein wie in einem Tempel. So fragt der hl. Apostel Paulus die Christen in Korinth: *"Wisst ihr nicht, dass ihr Tempel Gottes seid und der Geist Gottes in euch wohnt?"* (1 Kor 3, 16)

Diesen in uns wohnenden Geist aber bezeichnet die Pfingstsequenz als *süßen Seelengast* (*dulcis hospes animæ*). Und wenn es in der abendlichen Komplet heißt *"Tu autem in nobis es, Domine ..."*, dann dürfen wir das wortwörtlich übersetzen: *"Du aber bist in uns, o Herr, und Dein heiliger Name ist angerufen über uns. Verlass uns nicht, Herr, unser Gott!"* (Jer 14, 9) Sehr schön sagt der hl. Apostel Paulus in seinem Brief an die Römer: *"Die Liebe Gottes ist ausgegossen in unsere Herzen durch den Heiligen Geist, der uns gegeben ist."* (Röm 5, 5)

Es ist uns also nicht nur etwas *vom* Heiligen Geist gegeben, sondern ER selbst. Wir besitzen nicht nur seine sieben Gaben, sondern IHN. Wir empfangen nicht nur sein Wasser, sondern haben in uns die Quelle. Das wird sehr deutlich im Gespräch mit der Frau am Jakobsbrunnen (Joh 4), wo Jesus sagt: *"Wenn du um die Gabe Gottes wüsstest und wer es ist, der zu dir sagt: Gib mir zu trinken, dann würdest du ihn bitten, und er würde dir lebendiges Wasser geben."* Man beachte hier das geheimnisvolle Wort von der *Gabe Gottes!* Als dann die Frau bemerkte: *„Du hast ja gar kein Schöpfgefäß, und der Brunnen ist tief"*, erwiderte Jesus: *„Wer von diesem Wasser trinkt, den wird wieder dürsten. Wer aber von dem Wasser trinkt, das ich ihm gebe, den wird nicht mehr dürsten in Ewigkeit, sondern das Wasser, das ich ihm gebe, wird in ihm zur Quelle, die fortströmt zum ewigen Leben."*

Einen goldenen Schlüssel zum Verständnis dieser Worte am Jakobsbrunnen gibt Jesus selbst, wo er, im Tempel zu Jerusalem stehend, laut ruft: *„Wenn jemand dürstet, so komme er zu mir und trinke. Wer an mich glaubt, aus dessen Leib werden, wie die Schrift sagt, Ströme lebendigen Wassers fließen."* Dazu erläutert der Evangelist Johannes: *„Das sagte er im Hinblick auf <u>den Geist</u>, den die empfangen sollten, die an ihn glauben." (Joh 7, 37-39)*

Tatsächlich ist sowohl die *„Gabe Gottes"* als auch die *„Quelle, die fortströmt zum ewigen Leben"* niemand anders als der Heilige Geist, *„den die empfangen sollten, die an ihn glauben"*!

Wenn man das alles bedenkt, bekommt man eine Ahnung, wie groß Gott vom Menschen denkt und welch unüberbietbar hohe Würde es bedeutet, als Christ ein Tempel Gottes zu sein!

Die ersten Pflichten

Gott gibt den Menschen herrliche Gaben, und letztlich schenkt er sich selbst. Darin liegt für uns aber eine große Herausforderung, denn jede Gabe, die wir empfangen, bedeutet zugleich auch eine Verpflichtung. Über alles nämlich, was Gott uns anvertraut, wird er einmal Rechenschaft fordern (vgl. Mt 25, 14-30). Daran erinnert Jesus, wenn er sagt: *„Von jedem, dem viel gegeben wurde, wird viel gefordert werden, und wem viel anvertraut wurde, von dem wird man um so mehr verlangen."* (Lk 12, 48)

Indem er uns gibt, wirkt Gott ‚in uns *ohne* uns'. Die Vollendung seiner Gaben aber geschieht ‚in uns *mit* uns'. Deshalb sagt der hl. Augustinus: *„Gott, der dich ohne dich erschaffen hat, will dich nicht ohne dich erlösen."* (vgl. Sermo 169, 13)

Zunächst ist von unserer Seite zweierlei gefordert, nämlich dass wir uns dem Heiligen Geist öffnen und dass wir seine Gnade in uns bewahren.

Erstens: Wir müssen uns ihm öffnen und ihn in uns aufnehmen

Gott achtet unseren freien Willen und drängt sich uns nicht auf. Er hat uns mit Freiheit begabt, damit wir der Liebe, die uns erschuf, in Liebe antworten, denn, so sagt der Katechismus: *„Die Seele kann nur freiwillig in die Gemeinschaft der Liebe eintreten."* (KKK 2002)

Am Anfang des Evangeliums nach Johannes heißt es: *„Allen aber, die ihn aufnahmen (qui receperunt eum), gab er die Befähigung (potestatem), Kinder Gottes zu werden."* (Joh 1, 12) Ahnst du, was das bedeutet?

Nimm ihn auf und öffne dich für seine Gnade, dann gibt er dir die *potestas*, ein Kind Gottes zu sein! Das aber tut er, indem er dir von seiner eigenen Fülle gibt, denn: *„Aus seiner Fülle haben wir alle empfangen Gnade über Gnade."* (Joh 1, 16)

Die Bereitschaft zur Öffnung muss von innen her kommen, gewissermaßen aus einem Hunger unserer Seele. Deshalb sagt Maria bei ihrer Begegnung mit Elisabeth: *„Esurientes implevit bonis. - Jene, die hungrig sind, erfüllt er mit Gütern."* (Lk 1, 53) Diese Erfahrung von Hunger im Menschenherzen ist sehr wichtig. Merkst du, dass du hungrig bist, dass deine Seele etwas sucht, was nur Gott allein ihr geben kann? Das öffnet etwas in dir, was dich bereit macht, *die* Güter zu empfangen, die Gott dir zugedacht hat. Öffne dich also auf Gott hin!

Jesus sagt: *„Wenn einer mich liebt, wird er mein Wort bewahren, und mein Vater wird ihn lieben, und wir werden zu ihm kommen und Wohnung bei ihm nehmen."* (Joh 14, 23) Und in der Offenbarung des hl. Apostels Johannes heißt es: *„Ich stehe vor der Tür und klopfe an. Wenn einer meine Stimme hört und mir die Tür aufmacht, bei dem will ich eingehen und das Mahl mit ihm halten, und er mit mir."* (Offb 3, 20)

Denken wir in diesem Zusammenhang an den Zöllner Zachäus! Er saß in Jericho auf einem Maulbeerfeigenbaum und hat zunächst einmal alles von oben betrachtet. Der Baum gewährte ihm sichere Deckung, und auf ihm konnte er ganz gut auf Distanz bleiben. Dann aber kam Jesus herbei und schaute zu ihm hinauf. Wohl blieb dem Zachäus schier das Herz stehen, als Jesus ihn beim Namen nannte und sprach: *„Zachäus, steige eilends herab, denn heute muss ich in deinem Haus bleiben."* *(Lk 19, 5)* Nun musste er sich entscheiden, und es blieben ihm zwei Möglichkeiten. Er hätte durchaus sagen können: *„Entschuldige! Ich bin nicht vorbereitet und habe nicht aufgeräumt. Außerdem sitze ich gerade sooo bequem auf meinem Baum."* Zachäus aber hat das Richtige gewählt, indem er eilends herabstieg und Jesus *„mit Freude"* in sein Haus führte. Danach aber war nichts mehr wie zuvor, denn nun wurde Ordnung geschaffen. Und Zachäus sprach zu Jesus: *„Siehe, Herr! Die Hälfte meiner Güter gebe ich den Armen, und habe ich jemanden betrogen, so erstatte ich es vierfach zurück."* Jesus aber sagte: *„Heute ist diesem Haus Heil widerfahren."* *(Lk 19, 9)*

Lieber Leser, auch du musst dich entscheiden, ob du IHN hineinlässt in dein Haus.

Indem du dich für den Heiligen Geist öffnest, *„der zugleich mit dem Vater und dem Sohn angebetet und verherrlicht wird"*, wirst du zu seinem Tempel, und das verpflichtet dich zu einem gottgemäßen Leben.

Deshalb mahnt der hl. Apostel Paulus die Korinther, in ihrem Leib Gott zu verherrlichen, indem er sagt: *„Wisst ihr nicht, dass euer Leib ein Tempel des Heiligen Geistes ist, der in euch ist? Ihn habt ihr von Gott, und nicht euch selbst gehört ihr. Denn ihr wurdet erkauft um einen hohen Preis. Verherrlicht also Gott in eurem Leib!"* (1 Kor 6, 19 f.)

Du willst dich also öffnen?

Stell dir vor, du befändest dich in einer Wüste und wärest am Verdursten. Dann aber gelangtest du zu einer sprudelnden Quelle. Würdest du dich bücken und von ihrem Wasser trinken, so wärest du gerettet. Du tust es aber nicht, weil du die Quelle für eine Fata Morgana hältst. - Wäre das nicht tragisch?

Und sind die Sakramente, die Jesus eingesetzt hat, um dich von deinen Sünden zu reinigen und mit dem Wasser des Lebens zu erquicken, nicht in Reichweite vorhanden? Gibt es nicht Priester, Beichtstühle und Altäre? Sie sind ganz wirklich! - Wie unglaublich tragisch ist es, dass sogar Christen all das für eine Fata Morgana halten und lieber zugrunde gehen, als durch eine gute Beichte das Leben und den Frieden ihrer Seele zu finden.

Die Frau am Jakobsbrunnen sprach: *„Herr, gib mir dieses Wasser!"* (Joh 4, 15), und der verlorene Sohn im Gleichnis: *„Ich will mich aufmachen und zu meinem Vater gehen!"* (Lk 15, 18) - Für beide war das der Anfang ihres Heiles.

Zweitens: Wir müssen seine Gnade in uns bewahren

Hast du das übernatürliche Leben in dir empfangen, so musst du es mit Sorgfalt bewahren und gut darauf achten, dass du es nicht wieder verlierst.

Deshalb sagt der hl. Apostel Paulus: *„Der Gott, der befahl, dass aus der Finsternis Licht erstrahle, ließ auch in unseren Herzen ein Licht erstrahlen, dass es leuchte zur Erkenntnis der Herrlichkeit Gottes auf dem Antlitz Jesu Christi. Doch haben wir diesen Schatz in irdenen Gefäßen."* (2 Kor 4, 6 f.)

Paulus spricht von zweierlei, nämlich vom *Licht* im Herzen und von einem *Schatz* im irdenen Gefäß.

Wenn ein Mensch getauft wird, geschieht etwas Ähnliches wie am Anfang der Schöpfung, als Gott sprach: *„Es werde Licht!"* *(Gen 1, 3)* Es wird nämlich Licht im Herzen dieses Menschen! Äußeres Zeichen dafür ist die Taufkerze, die der Priester ihm mit den Worten überreicht: *„Empfange das brennende Licht, und untadelig bewahre deine Taufe. Wenn dann der Herr zur Hochzeit kommt, und mit ihm alle seine Heiligen, dann kannst du ihm entgegengehen, und du wirst leben in Ewigkeit."* Dabei denken wir an das Gleichnis Jesu von den klugen Jungfrauen, die mit brennenden Lampen ihrem Herrn entgegengingen (vgl. Mt 25, 1-12). Klug sollen auch wir sein und das Licht der Gnade so durch unser Leben tragen, dass wir am Tag der Rechenschaft bereit sind, dem Herrn entgegenzugehen und mit ihm zum ewigen Hochzeitsmahl zu gelangen.

Wir müssen also sehr darum besorgt sein, das Licht der Taufgnade in uns zu bewahren und den Geist nicht auszulöschen (vgl. 1 Thess 5, 19)!

Auf welche Weise aber ist das Licht der Gnade vom Auslöschen bedroht? Etwa durch Sturmwind oder Wasserflut? - Nein! Wir wissen wohl, dass weder Sturm noch Wasser dieses Licht bedrohen können. Das Licht der Gnade auslöschen kann nur die Sünde allein. Es ist ein großes Unglück für den Menschen, wenn er aus der Gnade fällt, denn nach den Worten der hl. Theresia von Avila (vgl. Seelenburg 1, 2) gibt es keine unheimlichere Finsternis und nichts, was auch nur annähernd so dunkel wäre wie eine Seele im Stand der Todsünde.

Und was meint der hl. Apostel Paulus mit dem *„irdenen Gefäß"*? Vordergründig ist an einen zerbrechlichen Tonkrug zu denken, aber im eigentlichen und tieferen Sinn spricht er vom Menschen, den er zur Demut mahnt. Denn nichts anderes ist der Mensch als ein aus Erde geformtes Gefäß. Wenn er sündigt, stößt er an und zerbricht. Und ist das nicht schon manchem aus Übermut geschehen?

Nicht umsonst mahnt der hl. Apostel Paulus: *„Caute ambuletis! - Wandelt vorsichtig!" (Eph 5, 15)*

Damit wir heil bleiben und die Gnade unversehrt bewahren, bitten wir den Heiligen Geist, dass sein Feuer uns *brenne* und er uns unerschütterliche Festigkeit verleihe in Glaube, Hoffnung und Liebe!

Voraussetzungen zur Entfaltung

Es genügt aber nicht, den Heiligen Geist nur aufzunehmen und seine Gnade in uns zu bewahren. Er kommt nämlich, um zu *wirken* und seine Gnade in uns zu vermehren. Zu ihrer vollen Entfaltung bedürfen die Gaben des Heiligen Geistes der Pflege, und dazu sind drei wichtige Voraussetzungen zu nennen, nämlich: die Loslösung vom Weltgeist, die Übung der Tugenden und der Gebrauch der Gnadenmittel.

Erstens: Die Loslösung vom Weltgeist

Zunächst musst du erkennen, dass der *Weltgeist* dem Geist Gottes zuwider ist (vgl. 1 Joh 2, 15 f.). Es gibt keinen Kompromiss, sondern nur ein Entweder-oder. Willst du, dass der Heilige Geist in dir wirkt, so musst du dich unbedingt vom Weltgeist lösen!

Der Heilige Geist will dich zu Gott erheben und dich gewissermaßen fliegen lehren. Der Weltgeist aber zieht dich herab und umgarnt dich wie mit einem Netz. Dazu bringt der hl. Johannes vom Kreuz einen schönen Vergleich, indem er fragt: *„Was macht es, ob ein Vöglein mit einem feinen oder einem starken Faden angebunden ist? Solange es ihn nicht zerreißt, kann es nicht fliegen."* (Aufstieg zum Berge Karmel, I, 11) - Doch was bedeuten diese Fäden konkret?

Manch einer mag denken: Es sind ja nur kleine Anhänglichkeiten, und ein bisschen davon gönne ich mir. Andere tun es ja auch. Und schließlich ist der Faden nur ganz fein. - Lieber Leser: Willst du, dass der Heilige Geist dich erhebt? Dann löse dich vom Weltgeist! Nichts darf dich nach unten binden! Du wirst gewiss nicht fliegen, wenn du dich nicht dazu entschließt, konsequent auch die scheinbar dünnsten Fäden zu zerreißen. Lass dich vom Heiligen Geist befreien!

Der hl. Apostel Paulus sagt: *„Wir haben nicht den Geist dieser Welt empfangen, sondern den Geist, der aus Gott ist. ... Der sinnenhafte Mensch (animalis homo) aber fasst nicht, was des Geistes Gottes ist; denn Torheit ist es ihm, und er kann es nicht begreifen, weil es im Geiste zu verstehen ist."* (1 Kor 2, 12-14) - Dieser *animalis homo* ist der erdverhaftete, sinnentrunkene, zeitgeistige und letztlich tierische Mensch.

Zweitens: Die Übung der Tugenden

Die Gaben des Geistes können in dir nur dann fruchtbar werden und sich entfalten, wenn du deinen Teil tust, indem du die *Tugenden* übst. Der hl. Thomas von Aquin lehrt nämlich, dass die Gaben des Heiligen Geistes nicht als *Ersatz*, sondern vielmehr als *Hilfe* für die Tugenden gegeben sind (*„Dona sunt in adiutorium virtutum."*). Die Gnade setzt ja stets die Natur voraus und baut auf ihr auf. Deshalb sagt weiter der hl. Thomas: *„Die moralischen und intellektuellen Tugenden gehen den Gaben voraus (præcedunt dona), denn indem der Mensch fügsam ist in bezug auf seine eigene Vernunft, wird er auch fügsam in bezug auf die göttlichen Dinge."* (I-II, 68, 8 ad 2)

Indem du also die Tugenden übst, machst du dich fügsam und gibst dem Heiligen Geist gewissermaßen *Ansatzpunkte*, damit er kraftvoll in dir wirken kann.

Und was genau versteht man unter *Tugenden*? Das deutsche Wort kommt von *taugen*, und tatsächlich steht ein tugendhafter Mensch im klaren Kontrast zum *Taugenichts*. Im Gegensatz zu diesem ist ein tugendhafter Mensch einer, der viele *gute Gewohnheiten* hat. Genau das aber sind die Tugenden, nämlich gute Gewohnheiten (*habitus boni*), die man erwirbt, indem man das anfänglich schwierige Gute so lange übt, bis es leichtfällt. Es ist, wie wenn man ein Musikinstrument zu spielen lernt. Anfangs ist es mühsam, aber mit genügend Übung spielt man irgendwann wie ein Mozart.

Die Tugenden befähigen uns, wie der hl. Thomas sagt, der Einsicht der Vernunft zu folgen und mit froher Selbstverständlichkeit und Leichtigkeit das Gute zu tun. Dennoch stoßen wir an unsere Grenzen. Doch während der Mensch tut, was in seinen natürlichen Kräften steht, macht er sich bereit für den Heiligen Geist, der ihm gewissermaßen unter die Arme greift und durch seine Gaben in ihm genau das vollendet, was seine eigenen Kräfte übersteigt.

Ob es aber viel oder wenig ist, was du von dir aus beisteuern kannst, ist für Gott nicht wichtig. Und sollte es nicht mehr sein als nur fünf Brote und zwei Fische (vgl. Mt 14, 17): Wenn Gott sie segnet, kann er damit fünftausend Männer nähren! Er erwartet aber, dass du deinen Teil bringst. Das bedeutet: Selbst wenn es nur ganz wenig ist, was du kannst, so tue es trotzdem und lege es vor Gott hin. Kommt der Geist darüber, so wird aus dem Wenigen viel. Nur sollst du nicht verzagen und nicht etwa meinen, deine Hände in den Schoß legen und dein Talent vergraben oder ins Schweißtuch einwickeln zu dürfen (vgl. Mt 25, 18 und Lk 19, 20). Verrichte ruhig und demütig deinen Teil!

Die Gnade Gottes gleicht dem Tau, der fruchtbar macht und Leben gibt, wie Gott durch den Propheten sagt: *„Ich will wie Tau für Israel werden, dass es blühe wie die Lilie." (Os 14, 6)* Die Blüten und Früchte aber bestehen in den guten Werken, die wir infolge der guten Gewohnheiten vollbringen, in einem Gott wohlgefälligen Lebenswandel und letztlich in persönlicher Heiligkeit.

Jesus sagt: *„Ein guter Baum kann nicht schlechte Früchte bringen, und ein schlechter Baum kann nicht gute Früchte bringen. Jeder Baum, der nicht gute Früchte bringt, wird herausgehauen und ins Feuer geworfen. An ihren Früchten also werdet ihr sie erkennen." (Mt 7, 18-20)* Und an anderer Stelle: *„Ich bin der Weinstock, ihr seid die Reben; wer in mir bleibt und ich in ihm, der bringt viele Frucht; denn getrennt von mir könnt ihr nichts tun. ... Dadurch ist verherrlicht mein Vater, dass ihr viele Frucht bringt und euch als meine Jünger erweist." (Joh 15, 5-8)*

Indem wir in der Kraft des Heiligen Geistes Frucht bringen, geben wir den Mitmenschen eine starke Veranlassung, den himmlischen Vater zu preisen!

Drittens: Der Gebrauch der Gnadenmittel

Schließlich ist es wichtig, das Feuer in uns zu nähren, indem wir nach dem Maß der jeweiligen Standespflichten ein geordnetes *geist*-liches Leben führen und uns durch den Gebrauch der Gnadenmittel unter den Einfluss des Heiligen Geistes stellen.

Zu den Gnadenmitteln gehört zuallererst das Gebet, durch das die Seele gleichsam atmet. Aber auch der Empfang der Sakramente und der Gebrauch jener Gnadenmittel, die wir *Sakramentalien* nennen, gehören unbedingt zu einem Leben im Heiligen Geist.

Auf diese Weise lebst du aus der Quelle und gelangst zu jenem ursprünglichen und paradieshaft-vertrauten Umgang mit Gott, der dich letztlich zum *Christen* macht.

Bitte den Heiligen Geist, dass er dir das ins Herz legt, was dir in der Situation, in der du dich jetzt gerade befindest, nützlich und heilsam sein kann!

DIE SIEBEN GABEN DES HEILIGEN GEISTES

Ruder und Segel

Bevor wir fragen, *welches* die Gaben des Heiligen Geistes sind und diese einzeln erklären, gilt es zunächst zu verstehen, *was* diese Gaben sind.

Wie wir bereits gesehen haben, bedingen Gnade und Natur einander. Die Gnade baut auf der Natur auf und vervollkommnet sie. Gewisse Gnaden gibt Gott ohne unser Mitwirken, aber die Vollendung der Erlösung setzt stets die Mitwirkung des Menschen voraus. Auch haben wir gesehen, dass die natürliche Voraussetzung für das Wirken des Heiligen Geistes die Übung der Tugenden ist. Diese sind gute Gewohnheiten, die man erwirbt, indem man mit Verstand und Willenskraft das Gute übt. Wenn du Tugenden übst, mühst du dich also mit deiner eigenen Kraft und bist, bildlich gesprochen, wie einer, der *rudert*.

Beim Rudern aber gibt es unterschiedliche Situationen. Manchmal rudert man in ruhigem Gewässer oder fährt sogar mit dem Strom, so dass man mühelos vorankommt. Manchmal aber hat man Gegenwind oder kämpft gegen die Strömung. Wir alle kennen Situationen im Leben, in denen wir mühsam rudern müssen und scheinbar nicht vorwärts kommen. Die Strömung ist so stark, dass sie uns mitzureißen droht, und unsere eigene Kraft stößt an ihre Grenzen. Was soll man da tun? Die Ruder einziehen und sich treiben lassen? Das wäre der Anfang vom Untergang! Sich zu verkrampfen und wild drauflos zu rudern, wäre jedoch auch keine Lösung, denn das hält man nicht lange durch.

Wie aber wäre es, wenn man ein Segel setzen könnte? Denn wer rudert, fährt mühsam mit eigener Kraft. Wer aber segelt, fährt mit der Kraft des Windes und kommt schneller, leichter und weiter voran.

Freilich kann der Wind nur dem nützen, der tatsächlich ein Segel besitzt. Ein Segel aber ist ein *Instrument*, das den Wind auffängt und an dem die Kraft des Windes sich entfaltet. Erst das Segel macht es möglich, sich den Wind zunutze zu machen und mit der Kraft des Windes zu fahren. Sofern der Wind günstig steht und ich das Segel richtig setze, kann ich dann sogar gegen den Strom fahren.

Dieses Bild vom Rudern und Segeln kann helfen zu verstehen, *was* die Gaben des Heiligen Geistes sind. Denn wie Segel und Mast *natürliche Anlagen* sind, so sind die Gaben des Heiligen Geistes *übernatürliche Anlagen*, die es ermöglichen, *„unter dem Ansporn des Heiligen Geistes zu leben und zu handeln" (KKK 1266)*. Der Heilige Geist also ist der *Wind*, und seine Gaben sind gewissermaßen die *Segel*. Mit ihrer Hilfe kommst du schneller, weiter und leichter voran. Du brauchst sie vor allem dann, wenn du an deine Grenzen stößt, wenn die Strömung zu stark wird und wenn du mit deiner Kraft nicht mehr weiterkommst.

Der hl. Franz von Sales erklärt das so: *„Der Heilige Geist, der in uns wohnt, will unsere Seele geschmei-*

dig, lenkbar und gehorsam für seine göttlichen An-
regungen und himmlischen Eingebungen machen. ...
Dazu verleiht er ihr sieben Eigenschaften und Voll-
kommenheiten, die ... von den Theologen Gaben des
Heiligen Geistes genannt werden." (Theotimus XI, 15)

Ohne die Gaben des Geistes könnten wir also die göttlichen Anregungen, die vom Heiligen Geist ausgehen, nicht aufnehmen. Jedoch können diese *Segel* unserer Seele mehr oder weniger in uns entfaltet sein. Wo immer schlechte Gewohnheiten, Eigenliebe und ungeordnete Anhänglichkeiten sie umgarnen, will die Liebe zu Gott sie aus jeder Umwicklung befreien. Wie schön ist eine Seele, die, wie ein Schiff mit sieben Segeln, gelöst und frei vor ihrem Gott steht!

Dazu schreibt ein geistlicher Schriftsteller aus der Tradition des Karmeliterordens: *„Da sind nun die Gaben des Heiligen Geistes eigens gegeben, um uns dem göttlichen Antrieb empfänglich zu machen. Ohne sie könnten wir die Bewegung, die vom Heiligen Geist ausgeht, nicht aufnehmen. Nun erkennen wir deutlich den Wert dieser Gaben und damit die Wichtigkeit ihrer vollen Entfaltung in uns. ... Die Gaben sind die Segel der Seele; doch diese Segel können zusammengefaltet bleiben, gebunden durch unsere Ichsucht, durch unsere Eigenliebe, durch Anhänglichkeit an uns selbst und andere Geschöpfe. Die Liebe hingegen befreit die Segel aus jeder Umwicklung und breitet sie aus für den sanften Hauch des Heiligen Geistes. Je gelöster und weiter die Segel dastehen, um so fähiger werden* *sie sein, den leisesten Anhauch des göttlichen Geistes aufzufangen." (P. Gabriel a S. M. Magdalena O.C.D., Geheimnis der Gottesfreundschaft, Bd. II, S. 198 f.)*

Je besser eine Orgel gestimmt ist, desto schöner kann der Künstler darauf spielen. Aufgrund unterschiedlichster Umwelteinflüsse ist es notwendig, selbst die bestgepflegte Orgel von Zeit zu Zeit zu stimmen.

Daraus ergeben sich wichtige Fragen: Wie steht es mit meiner Seele? Was möchte mich umgarnen? Wäre es mir nicht von Vorteil, mein ‚Instrument' wieder einmal zu stimmen?

Taufe und Firmung

Die sieben Gaben des Heiligen Geistes hat jeder Christ empfangen. Sie sind da, und zwar bereits seit der Taufe, denn sie werden immer zugleich und gemeinsam mit der heiligmachenden Gnade verliehen.

Die Taufe enthält in sich ein *votum sacramenti*. Das bedeutet: Sie *ruft* nach einem anderen Sakrament, durch das sie vollendet wird. In der Taufe hat nämlich unser Christsein begonnen. Vollendet aber wird die Eingliederung in Jesus Christus (vgl. Joh 15, 5) im Sakrament der Firmung und weiter vertieft in jeder heiligen Kommunion. Deshalb tragen die ersten drei Sakramente, nämlich Taufe, Firmung und Eucharistie, den Namen *Initiationssakramente* oder *Sakramente der Eingliederung*.

Bleiben wir beim Bild von Mast und Segel, so können wir sagen: Im Getauften ist der Mast schon aufgerichtet und die Segel sind bereitgelegt. Sie sind aber noch unentfaltet. Wenn dann jedoch ein Christ gefirmt wird, kommt der Bischof als Nachfolger der Apostel und hisst gewissermaßen die Segel.

Weil das so ist, dass die Taufe in der Firmung vollendet wird, gibt es nicht nur eine *Not*taufe, sondern auch eine *Not*firmung.

- Wo ein noch Ungetaufter in ernste Lebensgefahr gerät, spendet man ihm, sofern er dazu disponiert ist (d. h. eine hinreichende Glaubenskenntnis, der Wunsch nach der Taufe und die Absicht zu einem christlichen Leben vorhanden ist; vgl. can 865 § 2 CIC), die Nottaufe. Das kann *jeder*, indem er Wasser über ihn gießt und die Taufformel spricht. Unmündige Kinder sind in Lebensgefahr unbedingt und unverzüglich zu taufen (vgl. can 867 § 2 CIC).

- Wenn aber ein noch nicht gefirmter Christ, und sei er noch ein Säugling, in Lebensgefahr gerät, sollten Eltern und Freunde dringend dafür sorgen, dass er baldigst gefirmt wird, wozu in Lebensgefahr jeder Priester die Vollmacht hat (vgl. can 883 3° CIC).

Ob du dann aber nach dem Empfang von Taufe und Firmung *„in der Freiheit der Herrlichkeit der Kinder Gottes" (Röm 8, 21)* lebst oder dich in Ichhaftigkeit und Weltgeist verwickelst, das macht einen großen

Unterschied. Dieses Büchlein will in dir die Bereitschaft wecken, die Tauf- und Firmgnade durch ein Leben im Heiligen Geist zur vollen Entfaltung zu bringen!

Die sieben Gaben

Das Bisherige bleibt grundlegend für alles Weitere. Im ersten Schritt haben wir erklärt, *was* die Gaben des Heiligen Geistes sind. Im zweiten Schritt verschaffen wir uns nun einen Überblick über die sieben Gaben, und im dritten Schritt werden wir jede dieser Gaben einzeln betrachten.

Offenbar ist es dem Heiligen Geist eigen, auf siebenfache Weise zu wirken:

- Jesus ist der Gesalbte Gottes (*Christus*), den der Heilige Geist auf siebenfache Weise erfüllt.

- Die Sakramente entspringen der geöffneten Seite des Erlösers und ergießen die Heilsgnade in sieben Strömen über die Kirche.

- Schließlich wirkt der Heilige Geist in der Seele jedes einzelnen Christen auf siebenfache Weise durch seine sieben Gaben.

Welches aber sind diese sieben Gaben, die Christus erfüllen? Aufschluss darüber gibt der Prophet Isaias, wo er sagt: *„Ein Reis wird hervorgehen aus der Wurzel Jesse, und eine Blüte bricht hervor aus seinem Wurzelstock. Auf ihm wird ruhen der Geist des Herrn.*

Der Geist der Weisheit und des Verstandes, der Geist des Rates und der Stärke, der Geist der Wissenschaft und der Frömmigkeit, und es erfüllt ihn der Geist der Furcht des Herrn." (Is 11, 1-3 Vulg.)

Freilich setzt dieser Vers voraus, dass man weiß, wer *Jesse* war (der zuweilen auch *Isai* genannt wird). Er begegnet uns im Alten Testament im Buch Ruth als Vater von König David (vgl. Ruth 4, 17). David also war der erste Spross aus *Isais Stumpf*, über dem die Verheißung des kommenden Messias liegt. Erfüllt wird sie in der Menschwerdung Gottes auf die Ankündigung des Engels hin: *„Gott, der Herr, wird ihm den Thron seines Vaters David geben."* (Lk 1, 32)

Dass er wirklich der vom Propheten Isaias verkündete Geistgesalbte ist, bestätigt Jesus selbst in der Synagoge von Nazareth: *„Man reichte ihm das Buch des Propheten Isaias, und als er die Buchrolle öffnete, traf er auf die Stelle, wo geschrieben steht: ‚Der Geist des Herrn ist auf mir, denn er hat mich gesalbt ...' Er rollte das Buch zusammen, gab es dem Diener zurück und setzte sich. Aller Augen in der Synagoge waren auf ihn gerichtet. Er aber begann zu ihnen zu sprechen: ‚Heute hat sich diese Schrift vor euren Ohren erfüllt.'"* (Lk 4, 17-21; vgl. Is 61, 1)

Das also sind die sieben Gaben des Heiligen Geistes:

1. Weisheit	5.	Wissenschaft
2. Verstand	6.	Frömmigkeit
3. Rat	7.	Gottesfurcht
4. Stärke		

Da der Heilige Geist in so überaus inniger Beziehung zu unserem Christsein steht, sind auch seine sieben Gaben für uns von allergrößter Bedeutung. Sie sind nicht irgendwo in der Luxuszone zu suchen, sondern gehören zu den Basics. Deshalb sollte es keinen Christen geben, der die sieben Gaben des Heiligen Geistes nicht kennt!

Um es noch einmal zu sagen: Der Heilige Geist mit seinen sieben Gaben macht uns zu *Christen*. Mögen wir diese Gaben so tief verstehen, dass wir sie nie mehr wieder vergessen!

Die Reihenfolge der sieben Gaben

Zum Verständnis dieser Gaben ist ihre Reihenfolge durchaus von Bedeutung. Es ist nämlich kein Zufall, dass die *Weisheit* an erster Stelle steht, denn sie ist die höchste, während die *Gottesfurcht* die grundlegendste der sieben Gaben ist. Willst du also zur Weisheit gelangen? So beginne mit der Gottesfurcht!

Nicht umsonst heißt es mehrmals in der Heiligen Schrift: *„Der Weisheit Anfang ist die Furcht des Herrn."* (z. B. Spr 1, 7 oder Sir 1, 14) Wenn wir nun also die Reihenfolge der sieben Gaben erklären, beginnen wir beim Fundament, um von der Gottesfurcht emporzusteigen bis zur Weisheit.

So erklärt es schon der hl. Papst Gregor der Große: *„Durch die Gottesfurcht steigen wir auf zur Frömmigkeit, von der Frömmigkeit zur Wissenschaft, von* *der Wissenschaft erlangen wir die Stärke, von der Stärke den Rat, vom Rat schreiten wir fort zum Verstand und mit dem Verstand zur Weisheit, und so wird uns durch die siebenförmige Gnade des Geistes am Ende des Aufstiegs der Eingang zum himmlischen Leben geöffnet."* (Hom. in Ezechielem 2, 7, 7)

Prägen wir uns nun zu jeder der sieben Gaben zunächst ein Stichwort ein, damit wir den Überblick gewinnen und bereits einen Begriff davon haben, wohin der weitere Weg uns führt.

1. Die **Gottesfurcht** macht *dem Bösen abgeneigt*: Sie bewirkt eine grundsätzliche Abkehr von allem, was finster und gottwidrig ist.

2. Die **Frömmigkeit** macht *dem Guten zugeneigt*: Sie bewirkt eine grundsätzliche Hinwendung zum Licht.

3. Die **Wissenschaft** lehrt *unterscheiden*.

4. Die **Stärke** gibt *Kraft zum Guten*.

5. Der **Rat** zeigt *die richtigen Mittel*, um das Ziel sicher zu erreichen.

6. Der **Verstand** vervollkommnet den *Glauben*: Er vereint das Erkenntnisvermögen mit Gott und lässt uns die geoffenbarte Wahrheit tiefer verstehen.

7. Die **Weisheit** vervollkommnet die *Liebe*: Sie vereint den Willen mit Gott und befähigt, IHN aus ganzem Herzen und über alles zu lieben.

Die siebte Stufe, nämlich die der *Weisheit*, beschreibt der hl. Franz von Sales mit den schönen Worten: *„Auf der siebten vereinigen wir unseren Willen mit Gott, um die Wonnen seiner unbegreiflichen Güte zu verkosten und zu erfahren. Denn auf der höchsten Spitze dieser Leiter neigt sich Gott zu uns herab, gibt uns den Liebeskuss und stillt uns an seiner heiligen Brust mit seinen Wonnen."* (Theotimus XI 15,3)

Lieber Leser: Ahnst du, warum die Weisheit als Vollendung der Liebe die höchste der sieben Gaben des Heiligen Geistes ist?

Es wäre dir sehr nützlich, wenn es dir gelänge, diese Übersicht auswendig zu lernen. Sie zeigt dir ein herrliches Programm für ein christliches Leben, und du wirst dich im Folgenden viel leichter zurechtfinden. Mögest du niemals mehr erröten müssen, wenn man dich nach den Gaben des Heiligen Geistes fragt!

1. GOTTESFURCHT

Fundament

Die Gottesfurcht ist im wahren Sinn des Wortes grund-legend, denn sie legt den Grund, nicht nur für ein christliches Leben, sondern überhaupt für unser ewiges Heil.

Eine herrliche Bestätigung dafür, dass die göttliche Barmherzigkeit nur den Gottesfürchtigen zuteil wird, finden wir in den Worten Mariens im Magnificat: *„Seine Barmherzigkeit gilt von Geschlecht zu Geschlecht denen, die ihn fürchten."* (Lk 1, 50)

Wir brauchen eine klare Vorstellung von der Gottesfurcht, damit wir uns fest davon überzeugen können, dass es *gut* ist, ein gottesfürchtiger Mensch zu sein. Aus dieser Überzeugung entspringen dann wie von selbst die Sehnsucht und der innigste Wunsch, vom Geist der Gottesfurcht erfüllt und durchformt zu werden.

Lieber Leser: Auf welchem Rang steht dieser Wunsch in deiner Prioritätenliste?

Gottesfurcht und Evangelium

Für manche hat das Wort *Gottesfurcht* keinen guten Klang. Sie verbinden damit etwas Negatives, und sämtliche ihrer roten Lämpchen leuchten auf. Man beruft sich auf den Begriff *Evangelium* und beteuert, das müsse unbedingt nur *Froh*botschaft und nicht *Droh*botschaft sein. So hat man es jahrzehntelang auch innerkirchlich immer wieder gehört. Entsprechend tendenziös wird das Wort *Evangelium* dann als *Frohe Botschaft* oder sogar als *Gute Nachricht* übersetzt. Natürlich ist die Übersetzung *Frohe Botschaft* der an *Good-News* erinnernden *Guten Nachricht* bei weitem vorzuziehen, und sie ist auch nicht ganz falsch. Dennoch beruht die geflissentliche Abgrenzung zur *Droh*botschaft auf einem Missverständnis.

Papst Benedikt XVI. erklärt, dass das Wort *Evangelium* ursprünglich aus der Sprache der römischen Kaiser kommt, die sich selbst anmaßend als Herren und Retter der Welt verstanden, und er sagt: *„Die Botschaften, die vom Kaiser ausgingen, hießen ‚Evangelium‘, unabhängig davon, ob ihr Inhalt besonders fröhlich oder angenehm war. Was vom Kaiser kommt - das war die Idee -, das ist rettende Botschaft, das ist nicht bloß Nachricht, sondern Veränderung der Welt zum Guten hin.“ (Benedikt XVI., Jesus von Nazareth, S. 76)* Was aber die Kaiser zu Unrecht beanspruchten, ist bei Jesus volle Wirklichkeit. Er *ist* der Herr und Retter der Welt! Das Wort, durch das er sein Reich regiert, ist jene *Heilsbotschaft*, von welcher der hl. Apostel Paulus sagt: *„Lebendig ist das Wort Gottes, wirksam und schärfer als jedes doppelt geschliffene Schwert; es dringt durch bis zur Trennung von Seele und Geist, von Gelenk und Mark, und ist Richter über Gedanken und Regungen des Herzens.“ (Hebr 4, 12)*

Auch wenn die *Heilsbotschaft* (*Evangelium*) zuweilen als bittere Medizin erscheint, so kommt sie doch vom Guten Hirten, vom Barmherzigen Vater und vom gütigen Gott. Sie ist wirksame Kraft, die nichts anderes bezweckt als das *Heil* der Menschen. Manchmal liegt das Heil freilich in Dingen, die im Moment bitter erscheinen. Wer möchte aber ernsthaft behaupten, nur süße Medizin sei gute Medizin? Ist nur der ein guter Arzt, der niemals wehtut?

Der Slogan, das Evangelium sei *Froh*botschaft und nicht *Droh*botschaft, ist einfach nur dumm oder zumindest nicht durchdacht. Wenn ein Übel droht, muss dann der Arzt nicht warnen? Und wenn er heilen will, muss er dann nicht notfalls auch schneiden?

Lobpreis auf die Gottesfurcht

Für manchen *Happy-Preacher* mag es eine überraschende Entdeckung sein, dass die Heilige Schrift keineswegs dunkel und düster über die Gottesfurcht spricht. Im Buch Jesus Sirach lesen wir beispielsweise einen regelrechten Lobpreis auf die Gottesfurcht: *„Die Furcht des Herrn ist Ehre und Ruhm, ist Herrlichkeit und ein prachtvoller Kranz. Die Furcht des Herrn erquickt das Herz, gibt Frohsinn, Freude und langes Leben. Dem Gottesfürchtigen geht es am Ende gut, und am Tag seines Todes wird er gepriesen. Der Weisheit Anfang ist die Gottesfurcht, und mit den Treuen ward sie schon im Mutterschoß gebildet. Sie*

*schuf für immer sich ein Wohnzelt bei den Menschen
und will bei ihren Kindern dauernd bleiben. Der
Weisheit Fülle ist die Furcht des Herrn, sie sättigt sie
mit ihren Früchten überreich. ... Der Weisheit Krone
ist die Furcht des Herrn, lässt Heil und blühende
Gesundheit sprießen. Verstand und einsichtsvolles
Wesen gießt sie aus und mehrt die Ehre aller, die an
sie sich halten. Der Weisheit Wurzel ist die Furcht des
Herrn, und ihre Zweige sind ein langes Leben. Die
Furcht des Herrn hält Sünden fern; wer in ihr bleibt,
der wendet ab den Zorn." (Sir 1, 11-21)*

Was kann man von einem Menschen Besseres
sagen, als dass er gottesfürchtig sei? Ist Gottesfurcht
nicht geradezu ein Synonym für charakterliche Integrität und Verlässlichkeit? Was denkt man über einen
Verstorbenen, von dem es heißt, er sei gottesfürchtig
gewesen? Ist eine Braut, um die ein gottesfürchtiger
Bräutigam wirbt, nicht zu beglückwünschen? Und
wie anders sollten wir vom hl. Joseph denken, als dass
er ein durch und durch gottesfürchtiger Mann war?

Umkehrschluss

Wie es wahr ist, dass *Anfang der Weisheit* die Furcht
des Herrn ist, so gilt auch der Umkehrschluss: Jede
Torheit beginnt mit einem Mangel an Gottesfurcht.
Wer Gott verharmlost, nimmt ihn nicht ernst. Einen
kümmerlichen Gott aber kann man nicht fürchten und
letztlich auch nicht lieben. Eine Religion, die sich der
Gottesfurcht entledigt, begeht Selbstmord.

Drei Stufen der Gottesfurcht

Man kann drei Stufen der Gottesfurcht unterscheiden, denn sie wandelt sich und reift mit dem Wachstum der Liebe.

- *Erste Stufe:* Gott, Du bist gerecht! - Wir fürchten Gott um seiner *Gerechtigkeit* willen.

- *Zweite Stufe:* Gott, Du bist groß! - Wir fürchten Gott um seiner *Größe* willen.

- *Dritte Stufe:* Gott, Du bist gut! - Wir fürchten Gott um seiner *Güte* willen.

Auf der höchsten Stufe spricht der hl. Franz von Sales von *bräutlicher* Furcht oder *Ehr*furcht. Suchen wir nun diese drei Stufen genauer zu betrachten!

Erste Stufe: Die göttliche Gerechtigkeit

Zunächst wird dem Menschen bewusst, dass alles Gute und alles Böse, das er tut, Konsequenzen hat. Das Gute verdient einen Lohn, jede Sünde aber eine gerechte Strafe. So sagt der hl. Apostel Paulus: *„Täuscht euch nicht, Gott lässt seiner nicht spotten; denn was einer sät, das wird er auch ernten: Wer auf sein Fleisch sät, wird vom Fleische Verderben ernten; wer auf den Geist sät, wird vom Geiste ewiges Leben ernten. Lasst uns nicht müde werden, Gutes zu tun, denn zur rechten Zeit werden wir ernten." (Gal 6, 7-9)*

Dabei besteht ein entscheidender Unterschied zwischen dem Gericht der Menschen und dem göttlichen

Gericht. Die Menschen sehen nämlich nur das Äu-
ßere: *„Der Mensch schaut auf den Augenschein, der
Herr aber schaut auf das Herz."* *(1 Sam 16, 7)* Und
während irdische Richter nur über offenbare Vergehen richten und dabei auch noch fehlbar sind, schaut
der göttliche Richter mit unfehlbarem Blick unser Innerstes: *„Er wird auch das im Dunkel Verborgene ans
Licht bringen und offenbar machen die Regungen der
Herzen."* *(1 Kor 4, 5)*

Der Gedanke an die göttliche Gerechtigkeit und das
Gericht, an den ewigen Lohn und die ewige Strafe
hat eine vorbereitende, aufrüttelnde und schützende
Funktion. Die Furcht vor der Strafe entspringt zunächst nicht der Liebe, dient aber der Liebe. Sie kann
den Menschen aufrütteln und zur Vorbereitung auf
eine Bekehrung sehr nützlich sein. Deshalb sagt der
hl. Franz von Sales: *„Die knechtische Furcht stachelt
für gewöhnlich zuerst unser Herz an; doch wird sie
nicht im Herzen gelassen, sondern in dem Maße, als
die Tugenden sich in der Seele niederlassen, scheidet
die knechtische und Mietlingsfurcht aus."* *(Theotimus
XI,16,3)*

Wer schon einmal Ignatianische Exerzitien gemacht
hat wird wissen, dass man darin auch eingehend die
Hölle betrachtet. Dabei äußert der hl. Ignatius einen
sehr interessanten, zugleich demütigen und realis-
tischen Gedanken. Er erbittet nämlich das *„innere
Fühlen der Strafe"* zu dem Zweck, *„dass, wenn ich
wegen meiner Fehler die Liebe des Ewigen Herrn*

vergäße, mir wenigstens die Furcht vor der Strafe dazu verhelfe, nicht in die Sünde zu fallen" (Eb 65).

Die großen Heiligen waren sich einig im Bewusstsein, dass sie schwache Menschen sind. Sie dachten an das Wort des hl. Apostels Paulus: *„Wer also meint, er stehe, der sehe zu, dass er nicht falle" (1 Kor 10, 12)*, und sie erschraken bei dem Gedanken, was ihnen wohl zuzutrauen wäre, wenn Gott sie nicht hielte mit seiner Gnade.

Das besondere Gericht

Man unterscheidet das *besondere* vom *allgemeinen* Gericht. Das besondere Gericht findet direkt nach dem Tod des Menschen statt. Keiner weiß, wann das für ihn sein wird, ob noch heute oder erst in vielen Jahren. Dieses Gericht entscheidet sofort und endgültig über das ewige Schicksal jedes Menschen, denn der Glaube lehrt, *„dass einem jeden unmittelbar nach dem Tod entsprechend seinen Werken und seinem Glauben vergolten wird" (KKK 1021).*

Dazu sagt der hl. Apostel Paulus: *„Alle müssen wir erscheinen vor dem Richterstuhl Christi, damit ein jeder das erhalte, wofür er in seinem Leib tätig war, sei es Gutes, sei es Böses." (2 Kor 5, 10)* Vor dem Richterstuhl Christi werden wir also *alle* stehen, und dann gilt: *„Nichts ist verborgen, was nicht offenbar wird; und nichts ist geheim, was nicht bekannt und an den Tag kommen wird." (Lk 8, 17)*

Jesus mahnt sogar: *„Ich sage euch aber: Über jedes unnütze Wort, das die Menschen reden, haben sie Rechenschaft zu geben am Tag des Gerichtes." (Mt 12, 36)*

Wenn man diese Aussagen ernst nimmt, so ergibt sich daraus ein starker Ansporn, mit einem reinen Gewissen zu wandeln, gut zu leben und im Hinblick auf den Tag der Rechenschaft stets bereit zu sein.

Lieber Leser: Solltest du einen Fehltritt getan (vgl. Gal 6, 1) und eine *Sünde* begangen haben, wirst du sie, sobald sie dir bewusst wird, in der Kraft der Gottesfurcht nicht augenblicklich bereuen und von dir tun? Wenn der Herr dich in der Stunde deines Todes zur Rechenschaft ruft, dann wirst du im persönlichen Gericht IHM in die Augen schauen und ER dir. Bist du bereit? Wenn ja, dann kannst du der sorgloseste Mensch der Welt sein! Wann immer es sein wird: Du wirst durch den Tod hindurch hinübergelangen ins ewige Leben.

Die Hölle

Die Hölle existiert, und zur ganzen Wahrheit des Evangeliums gehört die reale Möglichkeit einer ewigen Verdammnis. Daran lässt der katholische Katechismus keinen Zweifel: *„Die Lehre der Kirche sagt, dass es eine Hölle gibt und dass sie ewig dauert. Die Seelen derer, die im Stand der Todsünde sterben, kommen sogleich nach dem Tod in die Unterwelt, wo sie* *die Qualen der Hölle erleiden, das ewige Feuer. Die schlimmste Pein der Hölle besteht in der ewigen Trennung von Gott, in dem allein der Mensch das Leben und das Glück finden kann, für die er erschaffen worden ist und nach denen er sich sehnt."* (KKK 1035)

Das entspricht auch der Lehre des Konzils von Lyon aus dem Jahr 1245: *„Wer ohne Buße in der Todsünde stirbt, wird ohne Zweifel von der Glut der ewigen Hölle auf immer gepeinigt."* (DS 839)

Was aber ist eine Todsünde? Eine Todsünde begeht, wer ein Gebot Gottes mit *Wissen* und *Willen* in einer *wichtigen* Sache übertritt. Sie heißt so, weil sie das übernatürliche Leben der Seele tötet. Der Sünder verliert die heiligmachende Gnade und, wenn er ohne Reue stirbt, auch das ewige Leben. Das aber ist das Allerschlimmste, was einem Menschen passieren kann.

Wir haben keinen Grund anzunehmen, dass die Hölle leer sei. Jesus selbst spricht immer wieder von der Hölle, und zwar mit erschütterndem Ernst. So beispielsweise in der Bergpredigt, wo er sagt: *„Wenn dein rechtes Auge dir zum Ärgernis wird, so reiß es aus und wirf es von dir; denn es ist besser für dich, dass eines deiner Glieder verloren gehe, als dass dein ganzer Leib in die Hölle geworfen werde."* (Mt 5, 29) - Wie aber kann ein Auge zum Ärgernis werden? Vielleicht ist das noch nie so deutlich geworden wie heutzutage. Was kann man sich denn nicht alles an Gift für die Seele mit einigen wenigen Klicks auf den Touchscreen rufen?!

Jesus sagt: *„Fürchtet euch nicht vor denen, die den Leib töten, die Seele aber nicht zu töten vermögen; fürchtet vielmehr den, der Seele und Leib ins Verderben der Hölle zu stürzen vermag."* (Mt 10, 28) - Und wer ist das? Die Liturgie des Allerseelentages nennt ihn den *König von furchtbarer Majestät* (Rex tremendæ majestatis). Es ist jener göttliche Richter, der zu denen auf seiner Linken sprechen wird: *„Weichet von mir, ihr Verfluchten, in das ewige Feuer, das dem Teufel bereitet ist und seinen Engeln!"* (Mt 25, 41)

Denken wir an die Abschlussreden des Moses auf dem Berg Nebo, wie er die Israeliten beschwört, ihre Freiheit gut zu gebrauchen und auf den Wegen Gottes zu wandeln: *„Seht, ich lege euch heute Segen und Fluch vor: den Segen, wenn ihr gegen den Herrn, euren Gott, gehorsam seid, den Fluch aber, wenn ihr den Befehlen des Herrn, eures Gottes, nicht Folge leistet, sondern abweicht von dem Weg, den ich euch heute anbefehle, und anderen Göttern nachlauft, die ihr nicht kennt."* (Dt 11, 26-28)

Auch für uns hängt *Segen* oder *Fluch* davon ab, wie wir unsere Freiheit gebrauchen. Würden wir uns einreden, mit der Hölle sei es nicht so wild, so würde uns das gar nichts nützen. Die Existenz der Hölle gehört zu den grundlegenden Wahrheiten unseres Glaubens. Denken wir nur an das erschütternde Wort Jesu über Judas Iskariot: *„Wehe jenem Menschen, durch den der Menschensohn verraten wird; besser wäre es ihm, er wäre nicht geboren, jener Mensch."* (Mt 26, 24)

Das also ist die erste Stufe der Gottesfurcht. Freilich bleiben wir dabei nicht stehen. Würde man das ganze Jahr über von der Kanzel nur Höllenpredigten hören, könnte man mit Recht sagen, das sei einseitig. Wenn man aber jahrein und jahraus niemals auch nur ein einziges Wörtchen von der Hölle hört: Ist das dann nicht einseitig? Wer die Hölle leugnet, hat mit ziemlicher Sicherheit auch keinen allzu fassbaren Glauben an den Himmel. Es ist zu befürchten, dass vielen zeitgeistlichen ‚Theologen' überhaupt die Perspektive der Ewigkeit abhanden gekommen ist.

Zweite Stufe: Die göttliche Größe

Nun gehen wir einen Schritt weiter und wenden uns Gott zu in seiner Majestät. Der Begriff *maiestas* ist aus der Steigerung von *magnus* (*groß*) gebildet und bezeichnet die hocherhabene und alles überragende Größe und Herrlichkeit Gottes.

Das Offenbarwerden dieser geheimnisvollen göttlichen Majestät lässt den Menschen die gewaltige Distanz zwischen Schöpfer und Geschöpf erkennen (vgl. KKK 208). Aus der Gottes*schau* folgt heiliger Gottes*schauer*. Einerseits ist die Gegenwart seines Herrn und Gottes für den Menschen höchst faszinierend, doch andererseits erschüttert sie ihn bis ins Mark und lässt ihn bis ins Innerste erzittern.

Im Angesicht der göttlichen Majestät gibt es für den Menschen nur zwei Möglichkeiten: Der von Gott *ab*gewandte Mensch wird voll Entsetzen und Grauen vor ihm zu fliehen versuchen. Der Gott *zu*gewandte Mensch jedoch wird in heiliger Gottesfurcht niederfallen und anbeten: *„Kommt, lasst uns niederfallen und uns neigen, die Knie beugen vor dem Herrn, der uns erschuf; denn er ist unser Gott." (Ps 95, 6 f.)*

Wie die heilige Gegenwart Gottes auf den Menschen wirkt, zeigt sich in den großen Gotteserscheinungen (*Theophanien*) der Heiligen Schrift:

*   Nachdem der Patriarch Jakob im Traumgesicht den Herrn geschaut hatte, empfand er heiliges Entsetzen, und von Furcht erfüllt sprach er: *„Wie schauerlich ist dieser Ort! Hier ist nichts anderes als Gottes Haus und die Pforte des Himmels." (Gen 28, 17)*

*   Unter den Propheten war es Moses, der einer einzigartigen Vertrautheit im Umgang mit Gott gewürdigt worden war. Wenn aber schon der Abglanz der göttlichen Herrlichkeit auf dem Antlitz des Moses so herrlich war, dass die Israeliten ihn nicht ertragen konnten (vgl. Ex 34, 29-35), wie furchtbar und herrlich muss dann Gott selber sein (vgl. 2 Kor 3, 7)!

*   Als der Prophet Isaias die Herrlichkeit des dreimal heiligen Gottes schaute, sprach er: *„Wehe mir, ich bin verloren; denn ein Mann mit unreinen Lippen bin ich und wohne unter einem Volk mit unreinen Lippen! Denn den König, den*

Herrn der Heerscharen, haben meine Augen gesehen." (Is 6, 5)

- Und ebenso erging es dem hl. Apostel Petrus im Augenblick tiefer Erkenntnis nach dem wunderbaren Fischfang. *„Er fiel Jesus zu Füßen und sagte: ‚Geh weg von mir, Herr; denn ich bin ein sündiger Mensch.' Schrecken nämlich hatte ihn ergriffen sowie alle bei ihm über den Fischfang, den sie gemacht hatten." (Lk 5, 8 f.)*

In diesem Zusammenhang lohnt es sich, den folgenden Abschnitt aus dem Propheten Isaias zu lesen, der dem treulosen Volk die Herrlichkeit Gottes verkündet: *„Ihr Land ist von Götzen voll. Ihrer Hände Machwerk beten sie an, das, was ihre Finger verfertigt. Doch geduckt wird der Mensch und erniedrigt der Mann, und du sollst sie nicht aufrichten! - Flieh in den Fels, verbirg dich im Staub vor dem Schrecken des Herrn, vor seiner glorreichen Pracht! Die stolzen Augen der Menschen werden gesenkt, es duckt sich der Hochmut der Männer, und erhaben ist allein der Herr an jenem Tag. Denn für den Herrn der Heerscharen kommt ein Tag über alles Stolze und Erhabene, über alles, was hoch ist - und doch so niedrig, über alle Zedern des Libanon, die emporragenden, hohen, und über alle Eichen von Basan, über alle hohen Berge und über alle emporragenden Hügel, über jeden hohen Turm und über jede trutzige Mauer, über alle Tarsisschiffe und über alle kostbaren Boote. Dann duckt sich der Stolz der Menschen und beugt* sich der Hochmut der Männer, und erhaben allein ist der Herr an jenem Tag. Doch die Götzen verschwinden ganz und gar. In Felshöhlen und Erdlöchern verkriecht man sich vor dem Schrecken des Herrn, vor seiner glorreichen Pracht, wenn er sich erhebt, die Erde zu schrecken. An jenem Tag wirft der Mensch seine Götzen von Silber und Gold, die er sich gemacht zur Verehrung, hin zu den Ratten und Fledermäusen, um sich in Felsspalten und Steinklüfte zu verkriechen vor dem Schrecken des Herrn und seiner glorreichen Pracht, wenn er sich erhebt, die Erde zu schrecken. Sagt euch doch von dem Menschen los, der nur durch einen Hauch in seiner Nase besteht!" (Is 2, 8-22)

Nicht umsonst legt die Kirche uns in jeder heiligen Messe, bevor wir zum Vollzug der Gegenwärtigsetzung des Kreuzesopfers ins innere eucharistische Heiligtum eintreten, die Worte der Seraphim aus der Schau des Isaias in den Mund: „Sanctus, Sanctus, Sanctus! ... - Heilig, heilig, heilig, Herr, Gott der Heerscharen. Himmel und Erde sind erfüllt von Deiner Herrlichkeit!" (Is 6, 3)

Hier ist tiefe Gottesfurcht, aber aus einem höheren Motiv als auf der ersten Stufe. Sie ist im Angesicht Gottes gereift. Suchen wir diese beiden ersten Schritte in der persönlichen Betrachtung betend zu vertiefen!

Lieber Leser: Weißt du, wer du bist? Und weißt du, wer Gott ist? Demütige dich, und so wirst du emporgehoben bis hin zum Herzen des Ewigen Vaters!

Dritte Stufe: Die göttliche Güte

Die höchste der drei Stufen der Gottesfurcht entspringt dem Gedenken der göttlichen Liebe und Güte. Sie kennt nach den Worten des hl. Franz von Sales noch einmal eine dreifache Steigerung, welche von der *Furcht der Anfänger* über die *kindliche Furcht* bis zur vollendeten *bräutlichen Furcht* emporreicht: *„Die Furcht der Anfänger geht aus der wahren Liebe hervor, doch aus einer noch zarten, schwachen, erst beginnenden Liebe. Die kindliche Furcht geht aus einer festen, widerstandsfähigen, bereits nach Vollkommenheit strebenden Liebe hervor. Die bräutliche Furcht jedoch ist die Furcht einer bereits erlangten Höhe und Vollendung der Liebe."* (Theotimus XI,16,3 f.)

Das ist ein schöner Gedanke!

Freilich scheint zunächst ein Widerspruch zu sein zu dem, was der hl. Apostel Johannes sagt: *„Furcht ist nicht in der Liebe, sondern die vollkommene Liebe treibt die Furcht hinaus."* (1 Joh 4, 18) Der Knoten löst sich aber rasch, wenn man den Vers nur ein wenig weiter liest, denn da heißt es: *„Die Furcht ist ja auf Bestrafung gerichtet. Wer aber in der Furcht lebt, ist nicht vollkommen in der Liebe."* (ebd.) Johannes spricht also von jener niederen *Furcht vor der Strafe*, die freilich dem Wachstum der Liebe weicht. Eine letzte *Furcht* aber, eine tiefe *Ehrfurcht*, bleibt auch in der innigsten und vertrautesten Liebe. Man kann sogar sagen: Überall, wo wahre Liebe ist, da muss unbedingt auch der *Geist der Ehrfurcht* sein!

So ist das beispielsweise unter Freunden. Solange nämlich der Freund den Freund ehrt, ist die Freundschaft intakt. Freilich bewirkt die Ehrfurcht auch eine gewisse Distanz, so dass der Freund dem Freund nicht zu nahe tritt und man einander nicht verletzt. Genau diese Distanz aber ist die Voraussetzung dafür, dass Freunde sich richtig nahekommen. Wo aber die Ehrfurcht schwindet und man einander zu nahe tritt, da stirbt die Freundschaft.

Auch und gerade in der Ehe ist die gegenseitige Ehrfurcht von grundlegender Bedeutung. Es sollte immer so sein, dass ein Mann seine Frau ehrt, ja sogar sie *ver*ehrt und ihr mit der gewissen Scheu eines Bräutigams begegnet.

Die geliebte Person wird immer ein Rätsel bleiben, dem man sich mit Ehrfurcht naht. Ihr inneres Geheimnis kann und darf man sich nicht nehmen, sondern man muss es sich schenken lassen. Die Liebe zwischen Personen bewirkt, dass man einander vertraut, und das Vertrauen macht, dass man sich einander anvertraut, ohne befürchten zu müssen, dass man sich eine Blöße gibt.

Es ist äußerst vorteilhaft für die Erziehung der Kinder, wenn sie spüren, dass die Mutter den Vater und der Vater die Mutter ehrt. Dieses Vorbild gehört zum Allerwertvollsten, was man Kindern schenken kann! Die Ehrfurcht soll die Art bestimmen, wie man miteinander verkehrt, den Ton, wie man miteinander redet, und den Blick, wie man einander wahrnimmt.

Dass auch die Liebe zu Gott stets mit dem Geist der Ehrfurcht einhergeht, bezeugt die Oration zum zweiten Sonntag nach Pfingsten mit den Worten: *„Sancti nominis tui, Domine, timorem pariter et amorem fac nos habere perpetuum. - Deinen heiligen Namen, o Herr, lass uns immer zugleich fürchten und lieben, denn niemals entziehst Du denen Deine Leitung, die Du in Deiner Liebe fest begründest."*

Dass die Gottesfurcht niemals aufhört, sondern *„waltet von Geschlecht zu Geschlecht"*, ist nicht zuletzt den Worten der Gottesmutter Maria im Magnificat zu entnehmen (vgl. Lk 1, 50).

Furcht und Angst

Das deutsche Wort *Angst* kommt vom lateinischen *angustia*, und das bedeutet *Enge* oder *Beklemmung*. Angst ist etwas, was den Atem stocken lässt, die Kehle zuschnürt, uns ersticken macht und in Panik treibt.

Die *Gottesfurcht* aber befreit von Angst, denn sie macht das Herz weit. Deshalb hat die reife Gottesfurcht mit Angst absolut gar nichts mehr zu tun. Im Gegenteil ist sie eine feine, aber starke Kraft, die sich einerseits scheut, die vertrauten Bande mit Gott zu verletzen, und die andererseits zugleich *Unerschrockenheit* bewirkt.

Der Geist der Gottesfurcht lehrt und befähigt den Menschen, nur Gott allein zu fürchten und sonst nichts.

Es gibt also eine große Alternative: Entweder man fürchtet Gott und sonst nichts, oder man fürchtet Gott nicht und sonst alles.

Wenn du dich um Gottesfurcht bemühst und aufrichtig danach strebst, als gottesfürchtiger Mensch in der Eindrücklichkeit Gottes zu leben, wirst du dir immer mehr bewusst, wer ER ist und wer du bist. Gott wird vor dem inneren Auge deiner Seele so groß, dass alles andere dir als gering erscheint.

Übersetzen wir das Wort *Magnificat* wörtlich, so weist sein Sinn in genau diese Richtung. Es ist nämlich abgeleitet von *magnum facere* (*groß machen*). Folglich bedeutet es nicht nur hoch-schätzen, hoch-halten oder hoch-preisen; vielmehr können die Worte *„Magnificat anima mea Dominum" (Lk 1, 46)* sinngemäß wiedergegeben werden als: *„Groß sei meiner Seele der Herr!"* Genau das aber ist Gottesfurcht.

In der Seele der Jungfrau und Gottesmutter Maria war Gott so herrlich groß, dass alles andere ihr als klein erschien. So ist Maria: hochbegnadet-demütig und gottesfürchtig-unerschrocken.

Betrachten wir nun einige Stellen aus der Heiligen Schrift, die uns die wahre Gottesfurcht im Kontrast zur Angst der Sünder vor Augen stellen, welche Gott nicht fürchten.

- Von den Sündern sagt der Psalm: *„Den Weg des Friedens kennen sie nicht, Gottesfurcht ist nicht vor ihren Augen (non est timor Dei ante* *oculos eorum).* " Als Folge dieser mangelnden Gottesfurcht aber heißt es weiter: *„Dort zitterten sie vor Furcht, wo gar nichts zu fürchten war (illic trepidaverunt timore, ubi non erat timor).* " *(Ps 13, 3.5 Vulg.)*

- Über das treulose Volk sagt der Prophet Isaias: *„Was es fürchtet, sollt ihr nicht fürchten und davor nicht erschrecken! Den Herrn der Heerscharen, ihn sollt ihr heilighalten! Er soll eure Furcht und euer Schrecken sein!"* *(Is 8, 12-13)*

- Und der Prophet Jeremias sagt: *„Höret das Wort, das der Herr zu euch spricht, Haus Israel! So redet der Herr: Das Brauchtum der Heiden erlernet nicht, erschreckt nicht vor den Zeichen des Himmels, wenn auch die Heiden vor ihnen erschrecken!"* *(Jer 10, 1-2)*

Was aber ist das, wovor die Heiden erschrecken? Sind nicht viele der Kinder dieser Welt - vielleicht heute mehr denn je - in mancherlei Phobien gefangen? Haushoch türmen sich weltliche Sorgen. Auch junge Menschen, die sich eigentlich auf die Zukunft und das Leben freuen sollten, zermartern sich in Selbstzweifeln, sind wie eingeschüchtert und in zäher Bangigkeit gelähmt. Sie haben Zukunftsängste, Bindungsängste, Beziehungsängste, Verlustängste. Man ist besorgt um die Gesundheit, das materielle Wohlergehen und die Gunst der Menschen - das alles treibt sie um, hetzt sie ab und macht sie friedlos.

Viele Menschen terrorisiert der Gegenpart der *Gottesfurcht*, nämlich die *Menschenfurcht*. Was denken nur die andern? Was werden die Nachbarn sagen? Wird man über mich lachen?

Auch treibt der *Aberglaube* immer neue Blüten. Die alten Heiden mussten ihre Götzen bei Laune halten. Das führte zu den unglaublichsten Verirrungen, so dass man den Baalim selbst Kinder geopfert hat. Und wie steht es heute? Esoterik, Astrologie und Wahrsagerei sind hoch im Kurs. Man sucht irgendwie die Zukunft aufzuknacken, erstellt Horoskope, lässt sich aus den Händen lesen und sucht sich geheime Naturkräfte dienstbar zu machen. Sogar Baumgeister, Elfen, Feen, Trolle, Zwerge und Gnome werden kultisch verehrt. Statt sich in Gottesfurcht zu üben, steht man Schlange beim Wahrsager, Hypnotiseur, Schamanen oder gar bei einer Hexe. Und mancher macht die bittere Erfahrung, dass er die Geister, die er rief, nicht mehr loswird.

Wenn man genau hinschaut, welch sonderbar verrückte Blüten die esoterischen Pseudoreligionen hervorbringen, dann kann man zu keinem anderen Ergebnis kommen, als dass es gut ist, ein Christ zu sein. Wo aber der wahre Glaube durch die Tür hinausgeht, da kommt, wie ein Sprichwort sagt, der Aberglaube durchs Fenster herein.

Unerschrockenheit

Als positiven Kontrast zur Angst der Kinder dieser Welt betrachten wir nun einige biblische Aussagen zur Unerschrockenheit gottesfürchtiger Menschen.

- Besonders deutlich wird das beim Bundesschluss am Berg Sinai. *„Das ganze Volk nahm die Donnerschläge, die Blitze, den Posaunenschall und den rauchenden Berg wahr; da fürchteten sich die Leute, zitterten und blieben von fern stehen. Sie sprachen zu Moses: ‚Rede du mit uns, wir wollen darauf hören! Aber Gott soll mit uns nicht reden, sonst müssten wir sterben!'"* Der darauffolgende Vers ist scheinbar widersprüchlich und doch ganz klar, denn er spricht von zwei Arten von Furcht. *„Da antwortete Moses dem Volke: ‚<u>Fürchtet euch nicht!</u> Denn um euch zu prüfen, ist Gott gekommen; damit die <u>Furcht vor ihm</u> bei euch herrsche, auf dass ihr nicht sündigt!'"* (Ex 20, 18-20)

Das in der Bibel immer wiederkehrende *„Fürchtet euch nicht!"* bedeutet also: *„Habt keine Angst!"* Nichts und niemanden sollt ihr fürchten als nur Gott allein!

- Denken wir nun an David, wie er dem Goliath entgegentrat. Goliath schwang große Reden und trat effektvoll auf. Wenn er nur ein klein wenig an seine Rüstung klopfte, stockte Israel der Atem. Als König Saul den jungen David

77

zunächst in seinen eigenen Waffenrock ge-
steckt hatte, wurde diesem klar, dass das für
ihn die falsche Rüstung war. Was aber gab dem
David seine unerschrockene Zuversicht, und
was ließ ihn schlussendlich siegen? Dass es
die *Gottesfurcht* war, erhellt aus seinen Worten
an Goliath: *„Du kommst zu mir mit Schwert,
Lanze und Wurfspeer. Ich aber komme zu dir im
Namen des Herrn der Heerscharen, des Gottes
der Schlachtreihen Israels, die du geschmäht
hast! Heute wird dich der Herr meiner Gewalt
überantworten. ... Alle Welt soll erkennen, dass
Israel einen Gott hat!"* (1 Sam 17, 45 f.)

Vom hl. Antonius Maria Claret ist das glaubens-
starke und gottesfürchtige Wort übermittelt: *„Herr, es
ist aussichtslos, aber Du bist allmächtig."*

Wir sind ja nicht blind. Wir sehen, dass vieles nicht
gut ‚läuft'. Viel Not herrscht auch in den Familien.
Aber Gott ist groß. Gott ist gut. Gott ist allmächtig.
Gott allein wollen wir fürchten und mit David sprechen: *„Der Herr ist für mich; so fürchte ich nichts.
Was können Menschen mir antun? Der Herr ist für
mich als mein Helfer; ich kann herabschauen auf
meine Gegner. Besser ist es, auf den Herrn zu bauen,
als auf Menschen zu vertrauen. Besser ist es, auf den
Herrn zu bauen, als auf Fürsten zu vertrauen. ... Hart
stieß man mich, dass ich fiele; doch der Herr hat mir
geholfen. Meine Kraft und meine Stärke ist der Herr,
und er war meine Rettung."* (Ps 118, 6-14)

Durch den Propheten Isaias ermutigt der Herr sein Volk, sich vertrauensvoll in ihm zu bergen und nichts zu fürchten als nur ihn allein: *„Jetzt aber redet der Herr, der dich, Jakob, erschuf, der dich, Israel, formte: ‚Fürchte dich nicht, denn ich erlöse dich, rufe dich beim Namen, mein bist du! Schreitest du durch Wasser, ich bin bei dir, durch Ströme, sie schwemmen dich nicht fort; gehst du durch Feuer, du wirst nicht versengt, und die Flamme verbrennt dich nicht! Denn der Herr bin ich, dein Gott, der Heilige Israels, der dir hilft: ... Fürchte dich nicht, denn ich bin bei dir!'"* (Is 43, 1-5)

Kennst du das aus deiner eigenen Erfahrung? Steht dir das Wasser bis zum Hals, dann denke an das Sprichwort, das mahnt: *„Lass den Kopf nicht hängen!"* Ist die Strömung so stark, dass es dir scheint, sie wolle dich mitreißen? Gott ist bei dir als dein Helfer, und selbst loderndes Feuer wird dich nicht versengen. Fürchte dich also nicht!

Die Erfahrung der *Geborgenheit in Gott* können wir in dem Maße machen, als wir uns auf ihn einlassen. Ihr Anfang aber ist stets die Gottesfurcht.

In schwierigen Situationen kann es tröstlich und heilsam sein, sich mit lichtvollen Versen aus der Heiligen Schrift zu wappnen:

- *„Der Herr ist mein Licht und mein Heil, vor wem sollte ich bangen (quem timebo)? Der Herr ist meines Lebens sicherer Schutz, vor wem sollte ich erschrecken (a quo trepidabo)? Dringen Übeltäter auf mich ein, mich zu ver-*

schlingen, meine Gegner und meine Feinde, sie müssen straucheln und fallen. Mag ein Heer sich wider mich lagern, mein Herz kennt keine Furcht. Erhebt sich Krieg wider mich, ich bleibe doch voll Zuversicht." (Ps 27, 1-3)

- „Der du wohnst im Schutz des Höchsten, weilst im Schatten des Allmächtigen, sprich zum Herrn: ‚Meine Zuflucht und meine Burg, mein Gott, auf den ich vertraue!' Denn er ist es, der dich rettet aus dem Netz des Jägers, aus gefährlicher Lage. Mit seinen Fittichen schirmt er dich, unter seinen Flügeln findest du Zuflucht, Schild und Schutz ist seine Treue. Du brauchst nicht zu bangen vor dem Schrecken der Nacht, vor dem Pfeil, der am Tage schwirrt. ... Ob tausend fallen an deiner Seite, zehntausend zu deiner Rechten, dich wird es nicht treffen." (Ps 91, 1-7)

- „Wer den Herrn fürchtet, wird vor nichts erschrecken und nicht verzagen, denn er selbst ist seine Hoffnung. Selig ist die Seele dessen, der den Herrn fürchtet!" (Sir 34, 16 f. Vulg.)

Denken wir auch an das schöne Wort Jesu: „Fürchte dich nicht, du kleine Herde! Denn es hat eurem Vater gefallen, euch das Reich zu geben. Verkauft, was ihr habt, und gebt Almosen! Macht euch Beutel, die nicht veralten, einen Schatz im Himmel, der nicht abnimmt, wo kein Dieb herankommt und den keine Motte zerstört. Denn wo euer Schatz ist, da wird auch euer Herz sein." (Lk 12, 32-34)

Der Teufel

Nun stellt sich die wichtige Frage, ob nicht vielleicht doch der Teufel zu fürchten ist. - Die klare Antwort lautet: Nein! Denn das würde ihm so passen. Bei den einen ist er ganz zufrieden, wenn sie ihn ignorieren, denn dann kann er ungestört arbeiten. Die anderen verleitet er dazu, ihn zu fürchten.

In Wirklichkeit gleicht der Teufel einem Kettenhund, der gerne bellt und knurrt und die Zähne fletscht. Beißen kann er aber nur jene, die sich ihm freiwillig nahen. Zwar geht er umher *„wie ein brüllender Löwe"*, der *„sucht, wen er verschlinge"*, aber Gefahr droht nur, wo der Glaube wankt, weshalb der hl. Apostel Petrus mahnt: *„Widersteht ihm standhaft im Glauben!" (1 Petr 5, 9)* Wenn ein Hund merkt, dass man Angst hat, wird er wild. Ganz ähnlich ist es beim Teufel.

Wo Christen beginnen den Teufel zu fürchten, da steht es nicht gut um ihre Gottesfurcht!

Vom hl. Franz von Assisi wird berichtet, bei seiner ersten Ankunft auf dem für ihn später so bedeutungsvollen Berg Alverna habe er in einer armen, verlassenen Kirche die ganze Nacht im Gebet durchwacht. Dabei sei er heftig vom Teufel angegriffen worden, worauf Franziskus sprach: *„Ihr bösen Geister, tut gegen mich, was ihr könnt, denn ihr könnt nur das tun, was euch Gott erlaubt. Was er mir an Leiden zulässt, das zu ertragen bin ich mit Freuden bereit." (B. Christen, Das Leben des hl. Franz v. Assisi, Innsbruck 1922, S. 194)*

Da hatte Franziskus wohl recht, denn selbst der Teufel kann nur, was Gott ihm erlaubt. Mehr vermag er nicht.

Dafür haben wir ein herrliches Beispiel im alttestamentlichen Buch Job (oder Hiob). Dort wird beschrieben, wie der Satan die Frechheit besaß, vor Gott hinzutreten und zu behaupten, Job sei nur deshalb fromm, gerecht und gottesfürchtig, weil es ihm gut gehe. Da erlaubte Gott dem Satan, Job zu prüfen. Der nahm ihm nicht nur alle Rinder, Esel, Schafe und Kamele, sondern auch die Söhne und Töchter. Doch Job sprach: *„Der Herr hat gegeben, der Herr hat genommen, der Name des Herrn sei gepriesen!"* (Job 1, 21) Im zweiten Anlauf schlug ihn der Satan von der Fußsohle bis zum Scheitel mit bösem Geschwür. Hinzu kamen die Anfeindungen seiner Frau und dreier Freunde, denen Job erwiderte: *„Wenn meine Freunde mich verspotten, schaut mein Auge tränend auf zu Gott."* (Job 16, 20) Zu guter Letzt hat Job alle Prüfungen bestanden und empfing von Gott reichen Segen.

Wenn Gott dem Bösen erlaubt, uns zu prüfen, müssen wir doch keine Angst haben, denn der hl. Apostel Paulus versichert: *„Gott ist getreu; er wird euch nicht anfechten lassen über eure Kräfte, sondern bei der Anfechtung auch den Ausgang schaffen, dass ihr bestehen könnt."* (1 Kor 10, 13)

Möge all unser Denken, Reden und Tun vom Geist der Gottesfurcht erfüllt sein!

Gottesfurcht als Gabe des Heiligen Geistes

Solange ich mich aus eigener Kraft um Gottesfurcht bemühe, bin ich wie einer, der rudert. Ich stoße aber schnell an meine Grenzen und bin dann doch in Gefahr, so mancherlei zu fürchten. Und genau hier, wo mir die Strömung zu stark wird und ich mit ‚Rudern' allein nicht weiterkomme, setzt der Heilige Geist mit seinen Gaben an. Durch sie befähigt er mich, auch in schwierigen Situationen auf seinen Antrieb hin zu handeln.

Wenn wir ganz ehrlich sein wollen, müssen wir zugeben, dass wir tagtäglich herausgefordert sind. Sorgen blähen sich auf, Widerstände regen sich, Hochs und Tiefs wechseln einander ab, und auch die Sache mit der Menschenfurcht ist uns nicht ganz unbekannt.

Um zu sehen, welches die schwierigen Situationen sind, in denen sich die Gottesfurcht in uns bewähren soll, denken wir nun konkret darüber nach, wo genau in unserem Leben die Herausforderungen warten.

Gewöhnlich brauchen wir den Beistand des Heiligen Geistes in der Gabe der Gottesfurcht vor allem,

1. um die Sünde und die Gelegenheit zur Sünde entschieden zu meiden;
2. um die gewöhnlichen religiösen und zwischenmenschlichen Pflichten getreu zu erfüllen;
3. um auch in schwierigen Situationen den Glauben furchtlos zu bekennen, bis hin zum Martyrium.

Die Sünde meiden

Nachdem Adam gesündigt hatte, hat er sich vor Gott versteckt (vgl. Gen 3, 8). Das war töricht, denn er hätte wissen müssen, dass es gar nicht möglich ist, sich vor Gott zu verbergen. Hätte Adam doch nur früher daran gedacht!

Wer Gott fürchtet, wird sich im richtigen Augenblick an seine Nähe erinnern. Er denkt daran, dass Gott allgegenwärtig, allwissend und gerecht ist. So bewahrheitet sich, was geschrieben steht: *„Die Furcht des Herrn hält Sünden fern." (Sir 1, 21)*

Der Gottesfürchtige spricht: *„Mögen dir gefallen meines Mundes Worte, meines Herzens Gedanken vor deinem Antlitz, Herr, mein Fels und mein Erlöser!" (Ps 19, 15)* - Das bedeutet: Gott, vor Dir ist nichts verborgen, und vor Dir soll nichts verborgen sein! Du bist da und siehst mich, und zwar nicht nur von außen. Ich will wandeln in Deinem Licht!

Würde ich von Menschen bei irgendeiner Schändlichkeit ertappt, so wäre mir das höchst peinlich. Nun aber sieht mich ja niemand, und ich bilde mir ein, unbeobachtet zu sein, denn ich befinde mich ja im *privaten Modus*. Dabei geht es mir vielleicht ganz ähnlich wie dem Ehebrecher im Buch Jesus Sirach, der sich selbst betrügt, indem er spricht: *„‚Finsternis ist um mich her, die Wände verbergen mich, und niemand sieht mich. Wen sollte ich scheuen? Der Höchste wird meiner Sünde nicht achten.' - Er bedenkt nicht, dass das Auge Gottes alles sieht. ... Er weiß nicht, dass die*

Augen Gottes viel heller sind als die Sonne, dass sie auf alle Wege der Menschen schauen und die tiefsten Abgründe und die verborgensten Winkel im Herzen der Menschen durchdringen." (Sir 23, 26-28 Vulg.)

Lieber Leser: Stell dir vor, du hättest gerade gebeichtet und glücklich all deine Sünden von dir getan. Das wäre gut! Und was dann? Du kommst zurück in deinen Alltag, und dort warten die alten Gewohnheiten. - Da stellt sich dir die Frage: Wie kann ich mich wappnen, damit ich nicht gleich wieder in das alte Gleis zurückkehre, von neuem in Sünden falle und bei nächster Gelegenheit aus der Haut fahre? Auf welche Weise kann ich das Licht bewahren, das jetzt meine Seele erfüllt?

Mache ein Gedankenexperiment und überlege: Was würdest du tun, wenn du der Teufel wärest? Schau nur, wie aus seiner Sicht seine Strategie gar nicht so dumm ist! Er arbeitet nämlich mit *falscher Furcht und Scham*: Er nimmt die Furcht weg, wenn man sie haben sollte, und gibt sie vielfach zurück, wenn man sie nicht haben sollte. Im Moment der Versuchung, wenn ich in Gefahr stehe zu sündigen, sollte ich mich durchaus schämen. Und wovor?

- Als *Mensch* denke an die natürlichen Folgen deiner Tat: an die Blamage und daran, dass du dich erpressbar machst, deinen guten Ruf verlierst oder deine Karriere gefährdest. Bist du ganz sicher, dass es keine Überwachungskamera gibt, dass deine Online-Geschäfte wirklich gänzlich anonym sind, dass nicht doch ein Screenshot existiert, der in Gedankenschnelle unwiderruflich ins Weltweitweb hinausgeblasen werden könnte?

- Als *Christ* aber denke daran, dass Gott alles sieht und dass einst im großen Gericht alles vor aller Welt offenbar werden wird.

Wenn es aber darum geht, Reue zuzulassen, zur Beichte zu gehen, Wiedergutmachung zu leisten und sich zu entschuldigen, dann kehren Furcht und Scham doppelt und dreifach zurück. Plötzlich geniert man sich und empfindet den Schritt zurück zum Vater als unendlich mühsam (vgl. Lk 15, 18). Hat man es dann aber doch endlich geschafft, wird man sich sagen: Eigentlich war es gar nicht so schwierig. Wie gut, dass es gelungen ist! Warum nur habe ich so lange gezögert?

Genau in dem Moment, wo wieder irgendein dummer, verkehrter, unreiner, argwöhnischer, selbstmitleidiger oder selbstgerechter Gedanke im Herzen auftaucht und sich auszubreiten beginnt, übe sogleich die Gottesfurcht und bete zum Heiligen Geist, so wird das Böse keine Chance haben. Die Gottesfurcht wird dich vor Sünden bewahren, denn sie lässt dir bewusst werden, dass du durchaus nicht unbeobachtet bist.

Denke dir, du hättest Zugang zu schlechten Zeitschriften, beispielsweise im Wartezimmer einer Arztpraxis. (An dieser Stelle möge manch christlicher Arzt eine Gewissenserforschung zum Thema ‚Lesezirkel‘ machen!) Zu Hause hättest du so etwas ja überhaupt nicht, und in der Fußgängerzone würdest du die einschlägigen Auslagen eines Kiosks gewiss nicht anschauen, aber im Warte-zimmer bist du (scheinbar) ganz allein ...

Vielleicht hast du daheim nicht einmal einen Fern-seher. Jetzt aber bist du im Hotelzimmer, und da gibt es viiiele Kanäle. Was kann dich vor unguter Neugier bewahren?

Heute ist man immer und überall online. Mit einem einzigen Klick und dem entsprechenden Suchwort gelangt jeder Schund augenblicklich auf den Touch-screen. Die mediale Welt und ein Großteil unserer sozialen Umgebung fordern unsere Gottesfurcht stän-dig heraus.

Auf dem PC gibt es einen virtuellen *Papierkorb*, den man per Mausklick leeren kann. Wie ist es aber in der Seele? Liegt nicht mancher Eindruck, den man sich leichtsinnigerweise eingefangen hat, wie Müll in der Seele? Gewisse Eindrücke sind recht lästig, und es kann eine ganze Weile vergehen, bis sie endlich verblassen. In der Seele können wir weder den ‚Pa-pierkorb leeren' noch den ‚Verlauf löschen'. Deshalb ist es viel besser, sich von vornherein ein reines Herz zu bewahren und die Phantasie nicht zuzumüllen.

Mütter wissen, was es bedeutet, wenn sie zum Kind sagen: *„Schau mir mal in die Augen!"* Dann kann man sehen, ob ein Kind die Wahrheit sagt. Aber kannst umgekehrt auch du deinem Kind in die Augen schauen? Ein Vater soll sich dem Anspruch stellen, dem Sohn in die Augen schauen zu können. Vielleicht mag dieser Gedanke auch einen Vater vor Dummheiten bewahren: Ich will meiner Frau und ich will meinen Kindern in die Augen schauen können! Letztlich bewegt die Gottesfurcht den Menschen, so zu leben, dass er stets bereit ist, auch seinem Herrn und Gott in die Augen zu schauen.

„Gesunde Fische schwimmen gegen den Strom." Das kennt man ja. Es gibt aber noch ein weiteres Sprichwort zum gesunden Fisch: *„Gesunde Fische können im Salzwasser leben, ohne selbst salzig zu werden."* Wie ein gesunder Fisch den Geschmack seiner Umgebung nicht annimmt, so kann auch ein Christ in der Welt leben, ohne nach *Welt* zu schmecken (vgl. Röm 12, 2). Wenn aber Christen nach *Welt* schmecken, wenn sie denken, reden und leben nach Art der Kinder dieser Welt, läuft dann nicht etwas falsch?

Es ist uns sehr notwendig, auf kluge Distanz zur Welt zu gehen. Und wenn ein Gottesfürchtiger bemerkt, dass es Dinge und Umstände gibt, die geändert werden müssten, wird er sie beherzt anpacken, ohne auf das Gerede der Nachbarn und den Spott der Kameraden zu achten.

Denken wir nur, wieviel Böses aus Menschenfurcht geschieht. - Sei doch kein Feigling! Mach doch mit! Zier dich nicht so! Versuch's doch wenigstens einmal!

Lieber Leser: Welchen Einfluss hat auf dich die moderne Lebensweise? - das Diktat der Moden? Kennst du Versuchungen gegen die Mäßigkeit? - die Wahrhaftigkeit? - die Demut? - die Keuschheit? Wie überwindest du sie? Welche Rolle kann dabei die Gottesfurcht spielen? Wie überwindest du deine Trägheit, wenn du frühmorgens in den Federn liegst und die Erdanziehung übermächtig in deinen Gliedern spürst?

Die Gottesfurcht macht das Herz wachsam und sensibel. Der Gottesfürchtige empfindet tiefe Verehrung für alles Heilige, und seine höchste Sorge ist es, vor Gott mit einem reinen Gewissen zu wandeln. Auf diese Weise bewahrt die Gottesfurcht vor der Sünde und bereitet den Weg für die Frömmigkeit.

Die Pflichten treu erfüllen

Auch in der Erfüllung der religiösen Pflichten ist es häufig die Menschenfurcht, die lähmend entgegensteht. Vielfach herrscht eine ganz eigenartige Furcht, als *fromm* zu gelten. Das ist in ländlichen Gebieten ein noch viel größeres Thema als in der Anonymität moderner Großstädte.

Wenn man den Kollegen am Arbeitsplatz erzählen würde, man besuche ein Selbstfindungsseminar, drehe Gebetsmühlen, bete Mantras, trage ein Amulett, trinke Zaubertee, pflege Jenseitskontakte und huldige Baumgeistern, dann wäre das kein Problem, und man würde kaum belächelt. Würde man aber sagen, man sei katholisch, besuche die Sonntagsmesse, bete den Rosenkranz, lese die Bibel, mache Exerzitien und beichte regelmäßig, so sähe die Sache ganz anders aus.

Es ist noch nicht sehr lange her, dass jedem Katholiken die Sonntagspflicht selbstverständlich war. Und dabei ging es auch darum, sich mit heiligem Stolz als katholisch zu bekennen. Auch beim Freitagsgebot geht es nicht in erster Linie um ein Opfer, sondern um ein Gedenken und ein Bekenntnis. An diesem Tag ist mein Herr im Fleisch für mich gestorben, und deshalb esse ich kein Fleisch. So lebe ich, weil ich katholisch bin! Ist das so schwierig? Wenn ich mich als Vegetarier, Veganer oder gar Frutarier bekenne, wird kein Mensch auch nur die Miene verziehen, und niemand wird mir eine Wurst aufdrängen. Vielmehr stehen alle stramm und bringen Tofu oder selbständig vom Baum gefallene Äpfel. - Könnte ein Katholik denn nicht wenigstens sagen, er sei Freitagsvegetarier? Es müsste eigentlich funktionieren, auf diese Weise zumindest zu einem Sojawürstchen zu kommen.

Sollte das sonntägliche und freitägliche Bekenntnis für gottesfürchtige Katholiken nicht wieder ganz selbstverständlich werden?

Man besucht beim Betriebsausflug eine Kirche. Soll man jetzt vor dem Tabernakel eine Kniebeuge machen? Eine Möglichkeit wäre, ganz hinten zu bleiben, um dann rasch hinter einer Säule einen verschämten Andachtsknicks zu machen. Aber wie wäre es, wenn ich mit heiliger Selbstverständlichkeit vor dem Herrn im Tabernakel mein Knie beuge? Würde ich danach gefragt, könnte ich ja sagen: *„Ich bin doch katholisch! Weißt du nicht, was das Ewige Licht dir sagen will? Der Herr ist hier. Bete ihn an!"*

Soll man vor dem Essen ein Kreuzzeichen machen, oder begnügt man sich mit einer inneren Verneigung? Natürlich bin ich nicht zum Kreuzzeichen verpflichtet, aber eigentlich sollte es doch ganz selbstverständlich sein. Macht es nicht Eindruck, wenn ein Mensch zu seinen Überzeugungen steht? Wenn ich täglich überlege: *„Mache ich es heute oder mache ich es nicht?"*, dann habe ich tagtäglich ein Problem. Ganz ähnlich wäre es, wenn ein Priester sich jeden Morgen überlegen würde, ob er die Priesterkleidung tragen soll oder nicht. Wer jedoch eine Grundsatzentscheidung fällt, hat ein Problem weniger: Der Priester trägt die Priesterkleidung immer, wie auch der Katholik ganz selbstverständlich sein Knie vor dem Tabernakel beugt und sich zu Tisch vor dem Beten bekreuzigt.

Das katholische Leben sollte wieder selbstverständlich sein. Erste Priorität haben das tägliche Gebet, die Sonntagsmesse, der regelmäßige Sakramentenempfang sowie das Freitagsgebot. Dabei sollen wir wohl klug sein, nicht aufdringlich, sondern sensibel und dezent. Wir brauchen ja schließlich keinen Teppich mit uns herumzutragen, den wir zum Angelus in der Fußgängerzone ausrollen.

Haben deine Kollegen, mit denen du jahrein und jahraus verkehrst, eine Ahnung davon, dass du katholisch bist? Oder werden sie überrascht sagen: *„Was, du bist katholisch? Das hätte ich nicht gedacht!"* - Sollte es nicht normal sein, dass sie es doch irgendwie bemerken?

Auch eine regelmäßige Beichtpraxis setzt eine gute Portion Gottesfurcht voraus. Weil ich nämlich weiß, dass das meiner Seele guttut, werde ich ernsthaft einen Beichtvater suchen. Und wofür hat man denn schließlich einen Pfarrer? Oder ist es wirklich Regel, dass man zum eigenen Pfarrer nicht beichten geht? Wofür gibt es denn Hausärzte? Man stelle sich vor, jemand behaupte: *„Zum Hausarzt geht man nicht!"* Ist es nicht von Vorteil, wenn mein Hausarzt mich kennt? So brauche ich nicht immer meine ganze Krankengeschichte zu erzählen. - Weißt du, wie gut es ist, einen Beichtvater und Seelenhirten zu haben, der dich kennt?

In einem Dorf gab es in der vorkonziliaren Nachkriegszeit feierliche Fronleichnamsprozessionen mit einem prächtigen Blumenteppich. Wenn dann der sakramentale Segen gespendet wurde, knieten alle nieder. Nur der Freigeist des Dorfes blieb demonstrativ stehen. Und wie sah es einige postkonziliare Jahre später aus? Die Verhältnisse hatten sich umgekehrt. Man hielt sich allgemein für aufgeklärt, und nicht nur der Blumenteppich war deutlich geschrumpft, sondern offenbar auch die Gottesfurcht, denn beim Segen fiel man auf, wenn man sich niederkniete.

Doch nicht nur zur treuen Erfüllung der religiösen Pflichten, sondern auch im Bereich der natürlichen Standespflichten von Männern und Frauen, Vätern und Müttern, Söhnen und Töchtern, im Freundeskreis, am Arbeitsplatz und in der Gesellschaft gibt die Gottesfurcht mächtige Impulse.

Den Glauben furchtlos bekennen

Nicht immer muss man reden, und man muss auch nicht jedem alles sagen, denn manchmal gebietet die Klugheit, diskret zu schweigen. Wenn es aber darauf ankommt, dann sollen wir unerschrocken zum Zeugnis bereit sein, bis hin zum Martyrium.

Unter den Heiligen sind viele, die lieber sterben wollten, als Gott durch eine Sünde zu beleidigen.

Jesus hat gesagt: *„Fürchtet euch nicht vor denen, die nur den Leib töten!"* (Lk 12, 4) und: *„Selig seid ihr, wenn euch die Menschen hassen und wenn sie euch ausstoßen, euch schmähen und euren Namen als böse verwerfen um des Menschensohnes willen. Freut euch an jenem Tag und jubelt, denn seht, euer Lohn ist groß im Himmel."* (Lk 6, 22-23)

Gebet um Gottesfurcht

Seien wir fest davon überzeugt, dass es gut ist, vom Geist der Gottesfurcht erfüllt zu sein und als gottesfürchtige Menschen Ehrfurcht zu haben vor allem, was heilig ist: vor Gott, der Kirche, dem Papst, den Bischöfen, den Priestern und Gottgeweihten, der Bibel, der Glaubenslehre der Kirche und den Sakramenten.

Letztlich erstreckt sich die Ehrfurcht auf alles, was Gott geschaffen hat: zuerst auf die Menschen und insbesondere die Kinder, ob sie schon geboren oder noch nicht geboren sind, und auf alte, kranke und schwache Menschen, aber auch auf die Natur. Ob ich nämlich meinen Müll einfach zum Fenster hinauswerfe oder nicht, auf das Wohl von Tieren bedacht bin und die Umwelt zu schützen suche - auch das hat letztlich mit Gottesfurcht zu tun.

Die Gottesfurcht zieht immer weitere Kreise; und ausgehend vom Schöpfer, erstreckt sie sich letztlich auf die ganze Schöpfung.

Sie ist der Anfang der Weisheit!

Einst sprach Moses auf Geheiß des Herrn zum Volk Israel: *„Diese Gesinnung sollen sie immer behalten, dass sie mich fürchten und ihr Leben lang alle meine Gebote halten, damit es ihnen und ihren Kindern immer gut geht."* (Dt 5, 29) Und möge es bei allen Christen sein oder wieder werden, wie es die Apostelgeschichte von der Urgemeinde in Jerusalem bezeugt: *„Die Kirche wurde auferbaut, wandelnd in der Furcht des Herrn und erfüllt vom Trost des Heiligen Geistes."* (Apg 9, 31)

2. FRÖMMIGKEIT

Bedeutung

Wie bei der Gottesfurcht, so müssen wir uns auch bei der Frömmigkeit zunächst davon überzeugen, dass sie edel, gut und schön und deshalb höchst erstrebenswert ist. Es ist nämlich eine traurige Tatsache, dass bei vielen weder Gottesfurcht noch Frömmigkeit einen sonderlich guten Ruf genießen.

Noch trauriger aber ist es, wenn sogar Christen die wahre Frömmigkeit nicht kennen und statt ihrer ein Zerrbild belächeln. Die wahre Frömmigkeit ist nämlich weder kleinlich-rechnend noch pharisäisch-selbstgerecht oder sentimental-verkitscht. All das hat mit Frömmigkeit gar nichts zu tun!

Möge der Heilige Geist uns erleuchten und uns die Frömmigkeit in hellem Licht erstrahlen lassen!

Natürliche Grundlage

Die Grundlage, auf welcher sie aufbaut, findet die Gabe der Frömmigkeit (*donum pietatis*) in der natürlichen *pietas*. Das zu verstehen ist wichtig.

- Zunächst meint *pietas* die schöpferische Liebe Gottes, die uns ins Dasein rief. In der Liturgie bezeichnet der Begriff die liebende Sorge des himmlischen Vaters für seine Kinder.

- Ein Abbild der göttlichen *pietas* ist jene Liebe, mit der Väter und Mütter ihre Kinder lieben. Das Vaterherz Gottes umfasst nämlich die volle sowohl väterliche als auch mütterliche Liebe (vgl. Is 49, 15). Um aber dieser Fülle von Liebe Ausdruck zu geben, hat Gott den Menschen als *Mann* und *Frau* erschaffen, damit sie gemeinsam - als *Väter* und *Mütter* - seine Liebe widerspiegeln.

Neben dieser ersten Richtung vom Schöpfer zum Geschöpf und von den Eltern zu den Kindern gibt es eine zweite Grundrichtung der *pietas*. Sie besteht in der liebenden Antwort, die das Geschöpf dem Schöpfer und das Kind den Eltern gibt.

- Die *pietas religiosa* ist jene hingebende Liebe zum himmlischen Vater, mit welcher der Mensch seinen Gott liebt und ihm dient. Sie ist die treibende Kraft im gesamten religiösen Leben und trägt den Namen *Frömmigkeit*.

- Die *pietas filialis* hingegen ist die natürliche Kindesliebe, die sich über die leiblichen Eltern hinaus auch auf alles erstreckt, worin ein Mensch seine Wurzeln hat, insbesondere die Verwandtschaft und die kulturellen Werte seines Vaterlandes.

Die *pietas* als *Tugend* macht den Menschen schnell geneigt, Gott und die Eltern zu ehren und ihnen Liebe und Gehorsam zu erweisen.

Indem du dich also bemühst, eine gute Tochter oder ein guter Sohn zu sein, schaffst du Ansatzpunkte für das Wirken des Heiligen Geistes, denn ein wirklich frommer Mensch, der nicht zugleich auch Vater und Mutter ehrt, ist gar nicht denkbar. Nicht umsonst tadelt Jesus scharf die Pharisäer, die Vater und Mutter unter Berufung auf das Tempelopfer (*Korban*) hintansetzten (vgl. Mk 7, 9-13).

In deutlichem Kontrast zur schönen und edlen Tugend der *pietas* steht ihr Gegenstück, nämlich die *impietas*. Diese ist Inbegriff schändlicher Pflichtvergessenheit und Gottlosigkeit sowie für Mangel an Anstand und Liebe.

Der Geist der Frömmigkeit

Der Geist der Frömmigkeit ist nichts anderes als jener Geist der Gotteskindschaft, von dem der hl. Apostel Paulus sagt: *„Weil ihr Söhne seid, sandte Gott den Geist seines Sohnes in unsere Herzen, der da ruft: Abba, Vater! Du bist also nicht mehr Sklave, sondern Sohn; wenn aber Sohn, dann auch Erbe durch Gott."* (*Gal 4, 6-7*) Und der hl. Apostel Johannes schreibt: *„Seht, welch große Liebe uns der Vater geschenkt hat: Kinder Gottes heißen wir und sind es. Darum erkennt die Welt uns nicht, weil sie ihn nicht erkannt hat. Geliebte, jetzt sind wir Kinder Gottes; aber noch ist es nicht offenbar, was wir sein werden. Wir wissen: Wenn es sich offenbaren wird, werden wir ihm ähnlich sein; denn wir werden ihn schauen, wie* *er ist. Und jeder, der diese Hoffnung auf ihn setzt, heiligt sich, gleichwie auch er heilig ist." (1 Joh 3, 1-3)*

Der hl. Franz von Sales sieht in der Frömmigkeit eine höhere und lebendigere Stufe der Gottesliebe, denn sie *„lässt die Liebe in uns oder uns in der Liebe tätig werden mit rascher Bereitschaft und Freude" (Philothea I, 1).*

Erste Wirkung: Nähe zum Geliebten

Das erste Kennzeichen jeder Liebe ist, dass sie die Nähe zum Geliebten sucht. Ist der Geliebte aber fern, so ist es die *Sehnsucht*, die geistige Brücken baut, denn was man liebt, an das denkt man oft und gern.

Das gilt nicht nur für die Liebe zwischen Eltern und Kindern oder Braut und Bräutigam, sondern ebenso und noch viel mehr für die liebende Beziehung zu Gott. Diese bewirkt eine starke Bindung nach oben. Indem ich oft und gerne an Gott denke, beginnt *Gebet*, und genau das ist Grundvoraussetzung für ein *geistliches Leben*, worin wir die Beziehung zu Gott nach Art einer Freundschaft pflegen.

Gerade an diesem Punkt wird deutlich, wie wunderbar die Frömmigkeit die Gottesfurcht ergänzt.

Auch im Hinblick auf die kindliche Liebe zum himmlischen Vater und die Offenheit für den Geist der Frömmigkeit gilt das Wort Jesu: *„Wenn ihr euch nicht bekehrt und nicht werdet wie die Kinder, könnt ihr nicht in das Himmelreich eingehen." (Mt 18, 3)*

Zweite Wirkung: Bereitschaft zum Guten

Ein zweites sicheres Kennzeichen der Liebe ist die Freude daran, Gutes zu tun, denn wie die Gottesfurcht eine grundsätzliche Abkehr vom Bösen, so bewirkt die Frömmigkeit eine grundsätzliche Hinneigung und Zuneigung zu allem, was gut ist.

Wenn ein Kind seine Mutter liebt, bereitet es ihm dann nicht große Freude, wenn es die Mutter glücklich machen kann? So weckt die Liebe zur Mutter das Edelste im Menschen, und es ist schön und zugleich nützlich, wenn Kinder ihre Eltern und Menschen ihren Gott klar und herzlich lieben!

Weil aber wahre Liebe niemals blind macht, sondern sie im Gegenteil den Blick sogar schärft, vermag ein liebender Mensch viele Gelegenheiten zum Guten zu sehen, die ein anderer gar nicht wahrnimmt. Und es bleibt dann nicht beim bloßen Sehen, denn die Liebe drängt zur Tat, wie der hl. Apostel Johannes sagt: *„Wir wollen nicht lieben mit Wort und Zunge, sondern in Tat und Wahrheit."* (1 Joh 3, 18) In diesem Sinne sagt Jesus: *„Wer meine Gebote hat und sie hält, der ist es, der mich liebt."* (Joh 14, 21)

Schon die Gelegenheit, Gutes zu tun, kann einen frommen Menschen eher noch glücklicher machen, als wenn er selbst beschenkt würde (vgl. Röm 20, 35). Gutes zu tun wird ihm so selbstverständlich wie das Atmen.

Auch menschlich wirkt wahre Frömmigkeit angenehm, sensibel und gewinnend.

Dritte Wirkung: Bereitschaft zum Opfer

Eine weitere Wirkung der Liebe ist die Bereitschaft auch zu Selbstverleugnung und Opfer.

• Stell dir vor, du hast die Wahl zwischen *Gut* und *Böse*. In der Kraft der *Gottesfurcht* wirst du ganz gewiss das *Gute* wählen.

• Nun stell dir aber vor, du hast die Wahl zwischen *Gut* und *Besser*, und dabei wird dir bewusst, dass das Bessere das Mühsamere ist. Was wirst du wählen? Reicht dir *gut*? Oder ist es nicht der Geist der *Frömmigkeit*, der dich dazu drängt, nach Möglichkeit das *Bessere* zu wählen, auch wenn es mühsam ist?

Die Frömmigkeit hebt den Menschen über sich selbst hinaus. Sie kennt keinen Kompromiss mit lauer Trägheit, und jeder Minimalismus ist ihr fremd. Das fromme Herz bevorzugt den engen und steilen Weg (vgl. Mt 7, 14). Statt sich von den Mühen beeindrucken zu lassen, hat es das je Bessere im Blick.

Schon die praktische Erfahrung lehrt, dass viel tiefere Erfüllung findet, wer nicht knausert. Spärliche Hingabe bringt klägliche, ganze Hingabe aber volle Erfüllung. Was du halbherzig tust, wird dich kaum halb befriedigen, doch was du aus vollem Herzen tust, darin liegt Segensfülle. Das bestätigt auch der hl. Apostel Paulus, wo er sagt: *„Wer spärlich sät, wird auch spärlich ernten, und wer mit vollen Händen sät, wird mit vollen Händen auch ernten."* (2 Kor 9, 6)

Sei also deinem Gott gegenüber nicht knickerig! Überlege: Was kann dich innerlich bewegen? Bist du bereit, dich vom Sturm des Geistes emporreißen zu lassen?

Die Religion

Die Frömmigkeit steht in engster Beziehung zur Tugend der *Gottesverehrung* (*Religion*). Diese macht den Menschen schnell dazu bereit, Gott die Ehre zu geben. Konkret wird die Ehrerbietung in den vier *Akten* der Tugend der Religion, welche sind: *Anbetung*, *Dank*, *Bitte* und *Sühne*.

1. Indem ich ihn *anbete*, anerkenne ich Gott als meinen höchsten Herrn.

2. Indem ich ihm *danke*, anerkenne ich Gott als meinen fürsorglichen Schöpfer.

3. Indem ich ihn *bitte*, anerkenne ich Gott als meinen gütigsten Vater.

4. Indem ich *sühne*, anerkenne ich Gott als meinen Richter und Erlöser.

Dieses vierfache Grundmotiv verankert sich zunächst in der innersten Gesinnung des frommen Menschen. Dann aber drängt es zum äußeren Ausdruck und entfaltet sich in den unterschiedlichsten Andachtsformen eines reichen religiösen Lebens, sowohl in der Liturgie als auch in einer gesunden Volksfrömmigkeit.

Liebe zur Kirche

Für den religiösen Menschen findet die *Liebe zu Gott* ihre organische Fortsetzung in der *Liebe zur Kirche*, denn diese ist untrennbar mit dem menschgewordenen Gottessohn verbunden.

Um das Heilswerk zu vollenden, das er, auf Erden wandelnd, in seinem menschlichen Leib (*Corpus Christi verum*) begann, hat Jesus sich einen neuen Leib geschaffen, einen geheimnisvollen Leib (*Corpus Christi mysticum*), und das ist die *eine, heilige, katholische* und *apostolische* Kirche. Haupt dieses Leibes ist er selbst, Christus, und wir, die Christen, sind seine Glieder.

In der Kirche ist der ganze Christus gegenwärtig, und zwar sowohl mit der Fülle der geoffenbarten Heils*botschaft* als auch mit der Fülle der Heils*güter*. Zur Erfüllung ihres Auftrags zur Ehre des himmlischen Vaters und zum Heil für die Menschen hat Jesus die Kirche mit einem dreifachen Amt betraut:

1. Durch ihr *Lehramt* wacht die Kirche über die Unversehrtheit der göttlichen Offenbarung. Sie ist darum bemüht, mit dem Beistand des Heiligen Geistes die Wahrheit immer tiefer zu durchdringen und sie zu aller Zeit unverkürzt zu verkünden.

2. Durch ihr *Hirtenamt* führt und leitet sie die Menschen auf den Wegen Gottes und hilft ihnen, ihr Gewissen zu bilden.

3. Durch ihr *Priesteramt* ist die Kirche Ausspenderin der Heilsgeheimnisse Gottes. In den Sakramenten teilt sie die Heilsgnade aus, durch welche Christus die Menschen von Sünden reinigt und sie zu einem Gott wohlgefälligen Leben befähigt.

Auch gegenüber dem Papst als dem sichtbaren Oberhaupt und Nachfolger des hl. Apostels Petrus sowie den Bischöfen, den Priestern und Diakonen, den gottgeweihten Ordensmännern und Ordensfrauen weiß fromme Gesinnung sich zu Ehrerbietung verpflichtet.

Schließlich erkennen und ehren wir in allen Mitchristen Brüder und Schwestern im Glauben.

Sakramente

Katholisches Leben ist wesentlich ein Leben aus der Kraft der Sakramente.

1. In der *Taufe* sind wir neu geboren im Wasser und im Heiligen Geist. Der himmlische Vater hat uns Anteil gegeben an seinem göttlichen Leben (*heiligmachende Gnade*). So hat er uns als seine Kinder angenommen und uns zu Erben der ewigen Glückseligkeit gemacht.

2. In der *Firmung* wurde die Taufe vollendet. Der Heilige Geist stärkt uns, Christus treu zu sein und in allen Prüfungen des Lebens zu bestehen.

3. In der heiligen *Eucharistie* nährt uns Christus mit dem Brot des Lebens, seinem hochheiligen Leib und seinem kostbaren Blut. Wir empfangen das eucharistische Sakrament als Frucht des eucharistischen Opfers (= *heilige Messe*).

4. Im *Bußsakrament* (= *heilige Beichte*) reinigt er uns von den Sünden, heilt die Wunden der Seele und stärkt uns in Versuchungen.

5. In der *Krankensalbung* (= *heilige Ölung*) stärkt er uns in leiblichen Gebrechen. In der Todesstunde bereitet er uns vor auf die Begegnung mit ihm im persönlichen Gericht.

6. Im *Weihesakrament* konsekriert er Männer zu Trägern seines Priestertums, damit sie als Bischöfe, Priester und Diakone geistliche Väter seien, die Heilsbotschaft verkünden und den Gläubigen die Sakramente spenden.

7. Im *Ehesakrament* segnet er den Ehebund zwischen Mann und Frau. Er heiligt ihre Liebe, damit sie fruchtbar sei und zum sichtbaren Zeichen des Bundes Christi mit seiner Braut, der Kirche, werde.

Die Frömmigkeit bewirkt heiligen Eifer vor allem zum Empfang jener beiden Sakramente, zu denen wir immer wieder hinzutreten dürfen, nämlich der *Buße* und der heiligen *Eucharistie*. Sie gleichen einer reichlich fließenden Quelle, aus der sich unser religiöses Leben nährt.

Vorbereitung und Danksagung

Wenn es auch wahr ist, dass die Sakramente *in sich* unerschöpflich sind, so ist es doch ebenso wahr, dass ihre Wirkung *auf uns* von der Disposition des Empfängers abhängt. Es ist nicht ganz einerlei, ob man mit einem großen oder mit einem engen Herzen kommt. Die Frömmigkeit aber weitet das Herz und macht es für den Reichtum der göttlichen Gnade empfänglich. Sie regt dazu an, sich sorgfältig auf den Empfang der Sakramente vorzubereiten und ihre Wirkung auch durch eine angemessene Danksagung zu vertiefen.

Wenn ich beispielsweise zur heiligen Messe gehe, könnte ich die Zeit vor Beginn ja durchaus noch für ein Pläuderlein verwenden und meine physische Präsenz in der Kirche mit dem Klang der Sakristeiglocke synchronisieren. Denkbar wäre aber auch, dass ich ganz bewusst einige Minuten früher in die Kirche gehe, um mich in stillem Gebet vor Gott zu sammeln und auf das heilige Geschehen geistlich einzustimmen.

Ich kann mich - bei pflichtgemäßer Anwesenheit - entweder überraschen lassen, was heute grade dran ist, oder ich könnte mich mittels meines Volksmissale bereits vorab mit den heiligen Texten vertraut machen, um desto gewinnbringender und innerlich wach am heiligen Messopfer teilzunehmen.

Zur Vorbereitung auf die heilige Beichte kann ich entweder - husch, husch - den letzten Beichtzettel noch einmal benutzen oder mir die Zeit nehmen, mich konkret und sorgfältig vorzubereiten.

Das Kirchenjahr

Unter den Gnadenmitteln, welche die Kirche zur Heiligung ihrer Kinder bereithält, ist ein ganz vorzügliches das Kirchenjahr. Es gehört eigentlich zum Bereich der Liturgie, entfaltet sich aber aus der Liturgie heraus zu einer großen Vielfalt von religiösem Brauchtum.

Das Kirchenjahr ist mehr als nur ein Zeitmaß, denn es besitzt sakramentalen Charakter, und jede Zeit hat ihre ganz besondere Gnade. Es besteht in einer jährlich wiederkehrenden Abfolge von Sonntagen, Festtagen und geprägten Zeiten wie Advent, Weihnachtszeit, Fastenzeit, Oster-, Himmelfahrts- und Pfingstzeit, in denen die Kirche das Heilswerk Christi von seiner Menschwerdung bis zu seiner Wiederkunft nicht nur feiert, sondern es darstellt und so gleichsam gegenwärtig macht. Durch das Kirchenjahr bringt uns die Kirche mit den Mysterien der Erlösung gewissermaßen in *Berührung*: Wir begegnen darin Christus und lassen uns von IHM anrühren, wie damals das Volk am See Genezareth, denn es geht heilende Kraft von ihm aus (vgl. Lk 6, 19).

Es gehört wesentlich zum katholischen Christsein, im Rhythmus des Kirchenjahres zu leben, seine Dynamik für sich zu erspüren, innerlich darin mitzugehen und es samt seinem Brauchtum im persönlichen Alltag zu verankern. Das beinhaltet durchaus auch die Bereitschaft, den beiden *Buß*zeiten (*Advent* und *Fastenzeit*) einen wahren Bußcharakter zu geben, auf dass die *Fest*zeiten umso glänzender werden.

Ergänzend zum Kirchenjahr ist es frommer Brauch, einzelne Monate besonderen Andachtsformen zu weihen. So ‚gehört' der März dem heiligen Joseph, der Blütenmonat Mai der heiligen Jungfrau Maria, der Juni dem Heiligsten Herzen Jesu, der Juli dem Kostbaren Blut, der September den heiligen Engeln, der Oktober dem Rosenkranz und der November den Armen Seelen.

Ökumene

All die Kostbarkeiten, die wir Katholiken in den Gnadenmitteln der Kirche und im religiösen Brauchtum besitzen, verpflichten uns zu einem authentischen Glaubenszeugnis. Es kann uns nämlich nicht unberührt lassen, dass ein großer Teil der Christenheit durch die ‚Reformation' weitgehend des sakramentalen Lebens beraubt worden ist.

Indem wir überzeugend und glaubwürdig aus der Kraft der Sakramente und der Gnadenmittel der Kirche leben, können wir ihnen den Weg zurück zur Quelle zeigen. Wenn in uns die Liebe zum Priestertum, zum heiligen Messopfer, zum Bußsakrament und auch zur Jungfrau Maria lebendig ist, mögen sie durch unser Zeugnis spüren, was ihnen fehlt, und dass es gut ist, katholisch zu sein und katholisch zu leben.

Wahre *oikouménē* kann nur bedeuten, dass alle getrennten Christen den Weg zurück ins *oikos* (*Vaterhaus*) finden, nämlich in die volle Einheit der katholischen Kirche.

Heilige Schrift

Die Bibel ist jenes heilige Buch, das seit den Anfängen der Heilsgeschichte durch vom Heiligen Geist gewirkte göttliche *Inspiration* entstanden ist. Sie besteht aus zwei großen Hauptteilen:

- Das *Alte Testament* ist Vorbereitung auf Christus. Es beginnt mit der Schöpfung und dem Sündenfall und endet vor der Ankunft des göttlichen Erlösers.

- Das *Neue Testament* beginnt mit der Menschwerdung Gottes und endet mit einem Ausblick auf sein zweites Kommen in Herrlichkeit. Sein Kernstück sind die vier Evangelien.

Die Heilige Schrift ist eine der beiden Säulen, auf die sich unser Glaube stützt, nämlich *Schrift* und *Tradition*. Außerdem ist sie nicht nur die Hauptquelle für das liturgische Beten der Kirche, sondern sie enthält auch das tägliche ‚Brot‘ für die persönliche Andacht und fromme Erbauung der Gläubigen, welche die Kirche eindringlich ermahnt, *„durch häufige Lesung der Göttlichen Schriften die ‚überragende Erkenntnis Jesu Christi‘ (Phil 3, 8) zu erlangen“ (KKK 133).*

Durchaus wahr ist, was der hl. Kirchenvater Hieronymus sagt: *„Unkenntnis der Schriften ist Unkenntnis Christi.“ (Is. prol.)*

Wann hast du zuletzt in der Bibel gelesen? Sie wird doch nicht verstaubt sein? Frommer Sinn wird dir immer wieder sagen: *„Tolle, lege! - Nimm und lies!“*

Jungfrau Maria

Die heilige Jungfrau Maria preisen wir selig als Mutter unseres Herrn Jesus Christus. Die Kirche gibt ihr die Ehrentitel *Muttergottes* und *Gottesgebärerin*. Eine tiefe und herzliche Marienverehrung ist unbedingter Bestandteil des katholischen Glaubens. Sie bringt Wärme in das religiöse Leben, und sie weiß sich biblisch gut begründet:

1. In den Worten, mit denen der Erzengel Gabriel Maria als *„voll der Gnade"* grüßt und vor deren Bedeutungstiefe sogar Maria erschrak (vgl. Lk 1, 28 f.).

2. Im Lobpreis der Elisabeth, die vor Maria ausrief: *„Gebenedeit bist du unter den Frauen, und gebenedeit ist die Frucht deines Leibes! Woher geschieht mir dies, dass die Mutter meines Herrn zu mir kommt? ... Selig bist du, die du geglaubt hast, dass in Erfüllung geht, was dir vom Herrn gesagt worden ist!"* (Lk 1, 42-45)

3. In den prophetischen Worten Marias selbst, die in ihrem *Magnificat* sprach: *„Siehe, von nun an werden mich seligpreisen alle Geschlechter!"* (Lk 1, 48)

Wir rühmen Maria als jene wunderbare Frau, die vor der Menschwerdung Jesu ihr Jawort gegeben hat, den Herrn zu empfangen, und die am Fuß des Kreuzes das Opfer seiner Selbsthingabe so innig mitvollzog, dass auch ihre Seele ein Schwert durchdrang (vgl. Lk 2, 35).

Die Worte *„Siehe da, deine Mutter!" (Joh 19, 27)*, die Jesus sterbend am Kreuz sprach, verstehen wir als sein Vermächtnis an die ganze Kirche, welche sich seit jenem Tag um Maria schart (vgl. Apg 1, 14).

Wie Liebende die *Sprache der Blumen* gebrauchen, um in kleinen Aufmerksamkeiten Signale der Zuneigung zu senden, so lässt auch die Frömmigkeit Freude finden an äußeren Zeichen, wie dem Schmücken von Altären und Bildstöcken, der Teilnahme an Wallfahrten, Andachten und Prozessionen oder dem Singen frommer Lieder.

Die Liebe zur Gottesmutter Maria lässt uns insbesondere auch den *Rosenkranz* schätzen. Er ist uns ein täglicher Begleiter, der uns immer wieder motiviert, gemeinsam mit Maria auf Christus zu schauen und betend die Mysterien seiner Menschwerdung, seines Lebens, seines Leidens und seiner Verherrlichung zu betrachten.

Gemeinschaft der Heiligen

Im Glauben an die *Gemeinschaft der Heiligen* ehren wir insbesondere die große Schar der Heiligen als Vorbilder und Fürsprecher und feiern gemeinsam mit der ganzen Kirche ihre Feste. Auch den Seelen der Verstorbenen am Ort der Läuterung (*Fegfeuer*) wissen wir uns verbunden, gedenken ihrer im Gebet und beim heiligen Messopfer und kommen ihnen durch die Gewinnung von Ablässen zu Hilfe.

Kirchengebote

Die fünf *Gebote der Kirche* (vgl. KKK Komp. 432) treten ergänzend neben die zehn *Gebote Gottes*. In ihnen definiert die Mutter Kirche ein Minimum an religiösem Leben als Verpflichtung zum ewigen Heil ihrer Kinder. Kraft der Frömmigkeit nehmen wir deren Inhalt aber nicht als von außen auferlegte Last, sondern als inneres Bedürfnis wahr, dienen sie doch zur Erquickung unserer Seele. Wer aber weiß und erfahren hat, wie wunderbar beglückend die sakramentale Begegnung mit Jesus ist, wird sich gewiss nicht mit dem vorgeschriebenen Minimum begnügen.

1. Wirst du nur sonntags zur heiligen Messe gehen, oder führt dich frommer Sinn nicht auch während der Woche immer wieder einmal vor den Tabernakel und vor den Altar?

2. Wirst du nur einmal im Jahr deine Sünden beichten oder dich nicht zumindest vor den hohen Festtagen dem so heilbringenden *Gericht der Barmherzigkeit* unterziehen?

3. Wirst du nur einmal im Jahr kommunizieren oder nicht vielmehr in ständiger Bereitschaft zur sakramentalen Begegnung mit Jesus leben?

4. Wirst du nicht gerne die gebotenen Fast- und Abstinenztage halten?

5. Und wirst du nicht ganz selbstverständlich im Rahmen deiner Möglichkeiten die Kirche in den materiellen Belangen unterstützen?

Frömmigkeit als Gabe des Heiligen Geistes

Die Gabe der Frömmigkeit befähigt uns, in der Kraft des Heiligen Geistes auch da noch zu lieben, wo unser eigenes Lieben an seine Grenzen stößt. Die tugendhafte Frömmigkeit geht der Gabe der Frömmigkeit voraus und wird durch sie vollendet.

Es ist ja beispielsweise nicht schwierig, Menschen zu lieben, die einem sympathisch sind. Doch gibt es nicht nur sympathische Leute, sondern eben auch die anderen, die uns herausfordern. Manchmal sind es gerade die Allernächsten, die in bestimmten Eigenschaften als nicht sehr liebenswürdig erscheinen und die uns rasch an unsere Grenzen bringen. Die christliche Nächstenliebe in der Kraft des Heiligen Geistes ist aber da, wo die Sympathie aufhört, noch lange nicht am Ende. So lesen wir in der Bergpredigt unter klarer Berufung auf den Geist der Gotteskindschaft: *„Ihr habt gehört, dass gesagt wurde: ,Du sollst deinen Nächsten lieben und deinen Feind hassen.' Ich aber sage euch: Liebt eure Feinde, tut Gutes denen, die euch hassen, und betet für sie, die euch verfolgen und verleumden, auf dass ihr Söhne eures Vaters im Himmel werdet; denn er lässt seine Sonne aufgehen über Böse und Gute und lässt regnen über Gerechte und Ungerechte. Denn wenn ihr die liebt, die euch lieben, welchen Lohn habt ihr? Tun dies nicht auch die Zöllner? Und wenn ihr nur eure Brüder grüßt, was tut ihr Besonderes? Tun dies nicht auch die Heiden? Seid also vollkommen, wie euer Vater im Himmel vollkommen ist."* (Mt 5, 43-48)

Willst du ein Kind dieses Vaters sein? Dann liebe grenzenlos! Liebe auch deine Feinde! (Man braucht ihnen ja nicht gleich Pfannkuchen zu backen ...) Der Geist der Gotteskindschaft verpflichtet nämlich zur Vollkommenheit, und wozu er verpflichtet, dazu befähigt er auch. Lass nur den Heiligen Geist in dir wirken!

Lieber Leser: Halte inne! Hast du das verstanden? Was bedeutet das für dich? Fallen dir nicht sehr konkrete Menschen ein, an denen du üben könntest?

Lob auf die Frömmigkeit

Die Frömmigkeit ergänzt ganz wunderbar die Gottesfurcht, denn gemeinsam sind sie ein kraftvolles Paar: *„Suaviter in modo, fortiter in re. - In der Sache stark, doch in der Art und Weise milde."*

- Die *Gottesfurcht* ist stark in der Sache. Wer in der Eindrücklichkeit Gottes lebt, wird keinen Zoll von dem abweichen, was er als wahr und gut erkannt hat.

- Wenn ihn dazu noch die *Frömmigkeit* beseelt, wird die Art seines Kampfes freundlich, gewinnend und milde sein.

Im Buch der göttlichen Weisheit spricht Gott zum seligen Heinrich Seuse: *„Ich verlange von meinen Kindern kindliche Furcht und freundliche Liebe, damit die Furcht sie allezeit am Sündigen hindere und ihre Seele sich mir verbinde in ganzer Treue."* (8. Kapitel)

Der hl. Apostel Paulus schreibt in seinem Brief an Timotheus: *„Exerce teipsum ad pietatem. - Übe dich in der Frömmigkeit! ... Die Frömmigkeit ... ist zu allem nützlich, sie hat die Verheißung des Lebens, des gegenwärtigen und des künftigen."* (1 Tim 4, 7 f.)

Mögen wir ganz tief erspüren, wie gut es ist, ein frommer Mensch zu sein. Und wo immer wir unsere Grenzen spüren, da wollen wir nicht verzagen. Übergeben wir uns dem Heiligen Geist. Wo wir selbst nicht mehr weiterwissen, wird er uns tragen, sofern wir nur wollen!

3. WISSENSCHAFT

Scientia salutis

Die nächste Stufe von der Gottesfurcht hinauf zur Weisheit führt über die Gabe der Wissenschaft. Auf Latein heißt die Wissenschaft *scientia*.

Bei der Geburt Johannes des Täufers hat sein Vater Zacharias feierlich das *Benedictus* angestimmt. Darin preist er Gott und sagt über Johannes: *"Du, Kind, wirst Prophet des Höchsten heißen, denn du wirst vor dem Angesicht des Herrn einhergehen, ihm den Weg zu bereiten - ad dandam* scientiam salutis *plebi eius - und sein Volk mit der Wissenschaft des Heils zu beschenken." (Lk 1, 76 f.)* Wenn es in manchen deutschen Übersetzungen heißt *"um sein Volk mit der Erfahrung des Heils zu beschenken"*, ist das ein wenig zu schwach, denn so fällt die *scientia salutis* so ziemlich unter den Tisch. Genau um diese *Wissenschaft des Heils* aber geht es im folgenden Abschnitt.

Schöpfung und Sündenfall

Gott hat den Menschen nach seinem Bild erschaffen und ihn mit *Verstand* und freiem *Willen* begabt. Verstand und Wille sind das, wodurch wir Gott ähnlich sind. In diesen beiden liegt die Befähigung zu *erkennen* und zu *lieben*: Gott hat uns den Verstand gegeben, damit wir *ihn* erkennen, und den Willen, damit wir *ihn* lieben. Unser Verstand sucht Gott als die *ewige Wahrheit*, während der Wille Gott sucht als das *höchste Gut*.

Verstand und Wille sind Bestandteil der Natur des Menschen, doch zusätzlich zu seiner Natur hat Gott dem ersten Menschen zur Erhöhung seiner natürlichen Erkenntniskraft die besondere *Gabe der Wissenschaft* (*donum scientiæ*) gegeben. Diese Gabe haben die Menschen genau dadurch verloren, dass sie im Ungehorsam eigenmächtig nach der verbotenen Frucht vom *Baum der Wissenschaft* (*de ligno scientiæ*) gegriffen haben (vgl. Gen 2, 17).

Gott will also den Menschen Wissenschaft geben, aber sie dürfen nicht selbst danach greifen. Die Botschaft des Versuchers aber war: Das musst du dir nicht schenken lassen! Greife nur selbst danach! Nimm es dir! *„Auf keinen Fall werdet ihr sterben. Vielmehr weiß Gott, dass euch, sobald ihr davon esst, die Augen aufgehen. Ihr werdet sein wie Gott."* (Gen 3, 4 f.)

War nicht genau das schon die Urversuchung des Luzifer, sein zu wollen wie Gott?

Bis heute ist es dem Versucher eigen, die Menschen unter dem Deckmantel falscher Wissenschaft zu verführen, so dass sie sich einbilden, den Schleier des Verborgenen lüften zu können, um durch esoterische Lehren geheime Kenntnisse zu erlangen. Genau genommen, ist die moderne Esoterik nichts anderes als ein Griff nach der verbotenen Frucht geheimer Wissenschaft!

„*Ihr werdet nicht sterben. Vielmehr werdet ihr sein wie Gott!*" - Diese Verlockung ist angesichts der neuen Möglichkeiten einer modernen Medizin, die gerade die Hand danach ausstreckt, mutmaßlich den Schöpfungscode zu knacken und sogar den Menschen umzucrispern, aktueller denn je.

Schon der hl. Papst Leo der Große († 461) hat gesagt: „*Weder im Glück noch im Unglück möge jemand zu der Tod bringenden Hilfe des Teufels seine Zuflucht nehmen. Denn jener ist der Lügner von Anbeginn, seine einzige Stärke ist die Kunst des Truges, der zu Folge er die menschliche Unwissenheit durch den Schein falscher Wissenschaft täuscht und jetzt böswillig zu dem antreibt, wessen er uns einst als Ankläger beschuldigen will.*" *(6. Rede über die Passion)*

Jesus sagt: „*Das ist das Gericht, dass das Licht in die Welt gekommen ist und die Menschen die Finsternis mehr liebten als das Licht.*" *(Joh 3, 19)* Sie folgen nämlich lieber ihrem eigenen Dünkel als dem Licht von oben.

Ignorantia

Eine Folge des Griffes nach der verbotenen Frucht der Erkenntnis ist die *ignorantia*, denn der Verstand des Menschen wurde getrübt. Überhaupt ist es allen Sünden eigen, Nebel und Finsternis im Menschen zu verbreiten, und je tiefer ein Mensch in Sünden steckt, desto weniger nimmt er sie wahr.

Es ist interessant zu bemerken, dass es kein hilfloseres Wesen als ein neugeborenes Menschlein gibt. Wenn ein Kalb geboren wird, dauert es nicht lange, bis es über die Weiden springt. Ganz ähnlich ist es auch bei Katzen, Hunden und Vögeln. Ein Menschenkind aber braucht Jahre und Jahre, bis es halbwegs selbständig leben kann. Armselig ist der junge Mensch in dieser Welt, wie in tiefster Finsternis, ohne zu wissen, wer er ist, woher er kommt und wozu er lebt. Weit ist der Weg zum eigenen Ich, und gut zwei Jahre dauert es, bis das Ich-Bewusstsein des Kleinkindes so weit erwacht ist, dass es im Spiegel sich selbst erkennt.

Doch auch Erwachsene wissen aus Erfahrung, dass es manchmal gar nicht so einfach ist, die Dinge richtig zu sehen. Man kann sich *täuschen*! Genau deshalb - und weil es sehr wichtige Dinge gibt, in denen man sich nicht täuschen sollte - ist es gut, dass der Heilige Geist uns mit der Gabe der Wissenschaft beisteht!

Natürliche Wissenschaft

Eine nur oberflächliche Kenntnis sagt noch nicht viel über das Wesen einer Sache. Wirkliche Erkenntnis sucht stets tiefer.

Das menschliche Denken funktioniert nach grundlegenden Gesetzmäßigkeiten. Eine davon ist das sogenannte *Kausalitätsprinzip*. Wenn vielleicht auch der Begriff als fremd erscheint, so wenden wir es doch täglich an, denn anders ist Denken gar nicht möglich. Das Kausalitätsprinzip besagt: *„Alles, was ist, hat eine Ursache"*, und bei allem, was immer wir sehen, setzen wir zumindest stillschweigend eine Ursache voraus.

Lieber Leser: Denke dir ein Haus, das niemand gebaut, eine Suppe, die niemand gekocht, einen Kuchen, den niemand gebacken, ein Buch, das niemand geschrieben hat. Stell dir eine hölzerne Tür vor, ohne dass jemals ein Baum gewachsen wäre, der gefällt und verarbeitet wurde. Merkst du, dass das gar nicht geht?

Wir denken automatisch in den Zusammenhängen der Kausalität. Wir fragen nach den Ursachen oder setzen sie wenigstens voraus. Anzunehmen, dass eine elektrische Lampe brennt, ohne dass irgendwoher Strom kommt, ist eine Denkunmöglichkeit. Ebenso beweisen jedes Haus, jede Brücke und jeder Turm, dass irgendwer sie konzipiert hat. Ob du es glaubst oder nicht: Jeder Buchstabe dieses Buches wurde von dem gesetzt, der es geschrieben hat. Er ist gerne bereit, es zu bezeugen.

Jede Wissenschaft beginnt ganz einfach damit, dass man das Kausalitätsprinzip anwendet, indem man nach den Ursachen der Dinge fragt. Definiert wird Wissenschaft als *cognitio ex causis* (*Erkenntnis von den Ursachen her*). Eine bekannte Definition von Wissenschaft lautet: *den Dingen auf den Grund gehen*.

Der Hang zur Wissenschaft und die Suche nach Erkenntnis sind im Menschen ganz tief begründet. Das kann man beispielsweise sehen - und Mütter können ein Lied davon singen - wenn kleine Kinder beginnen, ihre Vernunft zu gebrauchen und viele, viele, viele Fragen zu stellen. Aber das ist durchaus gut und richtig. Es muss so sein!

Wäre es aber nicht verrückt, ausgerechnet in grundlegendsten Dingen dieses Denkgesetz nicht anzuwenden und nicht nach deren Ursache zu fragen? Stelle dir einen *Urknall* vor, den niemand ausgelöst hat. Vielleicht merkst du selbst, dass das gar nicht möglich ist. Oder hat man dir in der Schule erklärt, vor etwa 14 Milliarden Jahren sei eine ,Blase', tausendmal kleiner als ein Stecknadelkopf, plötzlich explodiert und habe dann rasant zu expandieren begonnen? So seien bei minus einer Milliarde Grad Celsius Raum, Zeit und Materie entstanden. Punkt. Vermutlich hat dein Lehrer gehofft, dass die Milliarden dich so tief beeindrucken, dass du gar nicht auf die Idee kommst zu fragen, woher denn die geheimnisvolle Blase sei und aus welchem Grund es ihr plötzlich in den Sinn kam, so effektvoll zu platzen. - Ob mit oder ohne *Urknall:* Hinter der Schöpfung muss ein Schöpfer stehen! Wenn du stattdessen lieber an einen allmächtigen Zufall glaubst, dann lass dir gesagt sein: Kein Zu*fall* ohne Zu*wurf*! Willst du das widerlegen?

Wer aus ,wissenschaftlichen' Erwägungen Gott leugnen will, kommt nicht umhin, sich letztlich selbst unter Denkverbot zu stellen. Mag er sich also mit einem selbstknallenden Knall begnügen. Eine wirkliche Erklärung hat er damit keineswegs!

Wege der Wissenschaft

Die beiden wichtigsten Fragen der Wissenschaft lauten: *Woher?* - Das ist die Ursprungsfrage. Und: *Wozu?* - Das ist die Sinnfrage. Beide Fragen weisen in unterschiedliche Richtungen, denn das *Woher* fragt *rückwärts* nach der Ursache, das *Wohin* aber *vorwärts* nach dem Ziel.

Für uns sind beide Fragen unlösbar miteinander verknüpft, denn wenn du die Frage nach deinem Ursprung nicht beantworten kannst, wird es dir auch nicht möglich sein, eine überzeugende Antwort auf die Frage nach dem Sinn deines Lebens zu finden. Wenn du aber nicht weißt, wozu du lebst, dann bleibt dein Leben sinnlos und leer. Wo aber kein *Sinn* ist, führt der *Unsinn* zum *Wahnsinn*. An diesem Punkt stehen heute nicht wenige.

Wenn man beide Fragen in letzter Konsequenz stellt, führen sie immer zu Gott. Er ist *„Alpha und Omega" (Offb 21, 6)*, Anfang und Ende, Ursprung und Ziel auch meines Lebens! Wer Gott gefunden hat, kann ihn fragen: *„Wie hast Du, o Herr, Dir das gedacht?"* und findet so den Sinn seines Lebens.

Indem wir diese beiden Fragen stellen, gelangen wir zu den beiden Hauptlinien der Wissenschaft, nämlich *Induktion* und *Deduktion*.

- Zunächst stelle ich Beobachtungen an: Dazu bediene ich mich der fünf Sinne und meines Verstandes, gehe zur Schule, lese schlaue Bücher und google. So entdecke ich Gesetzmäßigkeiten. Doch wenn ich diese kennengelernt habe, geht das Fragen weiter, denn hinter jedem Gesetz muss ein Gesetzgeber stehen. Auf *induktivem* Weg gelange ich mit Sicherheit vom Sichtbaren zum Unsichtbaren und vom Geschöpf zum Schöpfer, denn: *„Aus der Größe und Schönheit der Geschöpfe wird vergleichsweise ihr Urheber erschaut."* (Weish 13, 5)

- Sobald ich aber eine Naturgesetzmäßigkeit gefunden habe, kann ich den Umkehrschluss ziehen, Prognosen anstellen und mir auf diese Weise die Erkenntnis zunutze machen. So kann ich beispielsweise einen Bremsweg ausrechnen, ohne eine Vollbremsung zu machen, oder ich kann eine Maschine bauen. Wer die Wissenschaft der Meteorologie beherrscht, kann aus ihr ableiten, wie das Wetter wird. Genau das ist der *deduktive* Weg: Im Licht der gefundenen Gesetzmäßigkeit betrachte ich die Wirklichkeit, um sie immer besser zu verstehen.

Geistliche Wissenschaft

Was im natürlichen Bereich selbstverständlich ist, wenden wir auch im Geistlichen an: Sobald ich zu Gott als dem eigentlichen Ursprung gelangt bin, kann ich in seinem Licht alles andere betrachten. Von IHM aus erkenne ich mich selbst, die Welt und alle geschaffenen Dinge, wie sie von Gott ausgehen, um ihn zu verherrlichen. Das ist geistliche Wissenschaft!

Wie willst du dich selber verstehen, außer in seinem Licht? Ein Stück weit kannst du dich von deinen Eltern her erklären, dass du beispielsweise die Augen von der Mutter und die Nase vom Vater hast. Das ist immerhin schon etwas. Das Fragen geht aber weiter, und letztlich musst du sagen: Ich bin, weil Gott mich gewollt hat, und ich finde den Sinn meines Lebens in den Absichten meines Schöpfers. Darauf will ich antworten: *„Fiat voluntas tua! - Dein Wille geschehe!"*

Der hl. Pfarrer von Ars hat einmal gesagt: *„Das Auge der Welt sieht nicht weiter als das Leben reicht, wie das meine nur bis an diese Mauer sieht, wenn die Kirchtüre geschlossen ist. Das Auge des Christen sieht bis auf den Grund der Ewigkeit."*

Durch die Gabe der Wissenschaft nimmt der Mensch einen höheren Gesichtspunkt ein. Er schaut tiefer, beurteilt die Dinge nach ihrem bleibenden Wert und betrachtet die Welt aus dem Blickwinkel der Ewigkeit (*sub specie æternitatis*).

Kunst der Unterscheidung

Die Wissenschaft lehrt die Kunst, zu unterscheiden. Unterscheidung aber ist lebensnotwendig.

Beispielsweise haben wir irgendwann einmal gelernt, zwischen *Genießbarem* und *Ungenießbarem* zu unterscheiden. Kleine Kinder stecken bekanntlich alles in den Mund. Da sind die Mütter gefordert, denn die Kleinen können ja noch nicht unterscheiden.

Würde jedoch ein erwachsener Mensch noch immer alles in den Mund stecken, so wäre wohl etwas schiefgelaufen. Wer aber nicht gelernt hat zu unterscheiden, der lebt gefährlich, denn bei dieser Art von Unterscheidung kann es leicht um Leben oder Tod gehen.

Doch auch geistigerweise gibt es Leute, die alles in den Mund stecken. Man denke nur an das Stichwort *Medienkonsum*! Gibt es da nicht mancherlei, was regelrecht lebensgefährlich ist, was man nicht konsumieren sollte, weil es der Seele schadet?

Oben und unten

Manchen Leuten bereitet es Mühe, *links* und *rechts* zu unterscheiden, doch daran kann man sich notfalls gewöhnen. Man stelle sich aber vor, jemand könne zwischen *oben* und *unten* nicht unterscheiden!

So etwas gibt es tatsächlich, zumindest in geistiger Hinsicht. Nicht jeder Gedanke ist nämlich ein guter Gedanke. Darum sagt der hl. Apostel Johannes: *„Geliebte, traut nicht jedem Geist, sondern prüft die Geister, ob sie aus Gott sind."* (1 Joh 4, 1)

Wie aber kann man im Geistigen unterscheiden? Ganz einfach! Ein Gedanke, eine Idee, ein innerer Antrieb kommt entweder von *oben* oder er kommt von *unten*. Erkennst du, aus welcher Richtung das kommt, was dich innerlich bewegt? Ist es nicht so, dass alles, was von *oben* kommt, dich erhebt, und was von *unten* kommt, dich niederdrückt?

Tatsächlich lehrt die geistliche Wissenschaft, dass stets gut ist, was von *oben* kommt, wie der hl. Apostel Jakobus sagt: *„Jede gute Gabe und jedes vollkommene Geschenk kommt von oben, vom Vater der Lichter, bei dem kein Wechsel ist oder ein Schatten von Veränderung."* *(Jak 1, 17)*

Gute Gedanken können also nicht von *unten* und schlechte Gedanken nicht von *oben* kommen. Deshalb sagt der hl. Apostel Paulus: *„Suchet, was droben ist, wo Christus ist, sitzend zur Rechten Gottes! Was droben ist, habt im Sinn!"* *(Kol 3, 1 f.)*

Die Früchte

Mancher Gedanke scheint im ersten Moment gut zu sein. Schaut man dann aber genauer hin und denkt auch über die Folgen nach, kommt man zum Ergebnis, dass er sooo gut doch nicht ist. Damit er nämlich wirklich gut sei, muss alles daran gut sein: der Anfang, die Mitte und das Ende.

Willst du also prüfen, ob etwas gut ist, dann schau nicht nur, woher es kommt, sondern achte auch auf den *Nachgeschmack*! Deshalb fragt der hl. Apostel Paulus: *„Welchen Gewinn hattet ihr damals von den Dingen, deren ihr jetzt euch schämt?"* *(Röm 6, 21)*

Kommt ein Gedanke von *oben*, bewegt er dich zum Guten und erfüllt er dein Herz mit bleibendem Frieden, dann ist er sicher gut. Solche Unterscheidung kann vor sehr viel Schaden bewahren!

Vergänglich und bleibend

Eine weitere grundlegende Unterscheidung lehrt, dass es Dinge gibt, die vergänglich sind, und andere, die bleiben. Nicht umsonst hat Jesus gesagt: *„Sammelt euch nicht Schätze auf Erden, wo Motte und Rost sie verzehren und wo Diebe einbrechen und stehlen; sondern sammelt euch Schätze im Himmel, wo weder Motte noch Rost sie verzehren und wo Diebe nicht einbrechen und stehlen. Denn wo dein Schatz ist, da wird auch dein Herz sein."* (Mt 6, 19-21)

Solche Schätze zu finden, ist eigentlich ganz einfach!

- Übe ein klein wenig Geduld aus Liebe zu Gott, und schon hast du einen Schatz im Himmel. Denke nur: Es ist dir viel nützlicher, geduldig als ungeduldig zu sein. Das lehrt dich die Gabe der Wissenschaft!

- Sei wahrhaft, eifrig, mäßig, keusch, treu ..., und du sammelst dir Schätze im Himmel!

Um den bleibenden Wert eines Schatzes zu erkennen, erinnert der hl. Alfons von Liguori an die Vergänglichkeit: *„Lasst uns nach dem Rate des hl. Johannes Chrysostomus zu den Gräbern gehen: Proficiscamur ad sepulcra. O welch herrliche Schulen der Wahrheit sind die Gräber, um die Eitelkeiten der Welt zu erkennen!"* (Spiritualität der Liebe, S. 27) Vom hl. Bernhard von Clairvaux heißt es, er habe sich immer wieder gefragt: *„Quid hoc ad æternitatem? - Was bedeutet das für die Ewigkeit?"*

Der hl. Apostel Paulus schreibt im zweiten Brief an die Korinther: *„Darum verlieren wir nicht den Mut; mag auch unser äußerer Mensch aufgerieben werden, so wird doch der innere von Tag zu Tag neu. Denn unsere gegenwärtige geringfügige Drangsal erwirkt uns in überströmender Fülle ein unvergängliches Übergewicht an Herrlichkeit, wenn wir nicht auf das Sichtbare schauen, sondern auf das Unsichtbare; denn das Sichtbare ist von kurzer Dauer, das Unsichtbare jedoch ewig."* (2 Kor 4, 16-18)

Prinzip und Fundament

In seinem Exerzitienbüchlein lehrt der hl. Ignatius folgenden Gedanken, den er für so wichtig hält, dass er ihn als ‚Prinzip und Fundament' bezeichnet: *„Der Mensch ist geschaffen dazu hin, Gott, unseren Herrn, zu loben, ihn zu verehren und ihm zu dienen und so seine Seele zu retten. Die anderen Dinge auf Erden sind zum Menschen hin geschaffen und um ihm bei der Verfolgung seines Zieles zu helfen, zu dem hin er geschaffen ist. Hieraus folgt, dass der Mensch sie so weit zu gebrauchen hat, als sie ihm zu seinem Ziel hin helfen, und so weit zu lassen, als sie ihn daran hindern."* (Nr. 23) Das ist in der Tat eine grundlegende (*fundamentale*) Wahrheit: Alles, was Gott geschaffen hat, ist an sich gut (vgl. Gen 1, 31). Doch für mich ist alles nur insofern gut, als ich es gut gebrauche, nämlich nach der Absicht und in der Ordnung Gottes, meines Schöpfers und Herrn. Sollte ich sie aber zur Sünde missbrauchen, dann gereichen dieselben Dinge, die mir eigentlich zum Segen sein sollten, zu meinem Verderben.

- Der *Nahrungstrieb* dient zur Erhaltung des *Menschen*. Gebrauchst du die Nahrung gut und geordnet, wird sie dich erbauen, stärken und beglücken. Fällst du aber aus der Ordnung heraus, so macht sie dich krank.

- Der *Geschlechtstrieb* dient zur Erhaltung der *Menschheit*. Ein Segen kann er aber nur sein, solange er nicht aus der Ordnung herausfällt.

Praktische Anwendungen

Wenn ich bemerke, dass irgendeine Nahrung mir nicht bekommt, werde ich sie meiden, und wer auf Erdbeeren allergisch reagiert, sollte darauf verzichten.

In den seelischen Dingen gibt es ganz ähnliche Unbekömmlichkeiten, doch häufig besteht die Schwierigkeit darin, sich selbst gegenüber so *ehrlich* zu sein, dass man sie eingesteht, und so *konsequent*, dass man sie dann auch entschieden meidet.

Es gibt beispielsweise nicht nur *gute* Musik. Wirkt die Musik, die du hörst, beruhigend und bereichernd und erreicht sie dich von *oben* - oder heizt sie dich auf, versetzt dich in Rausch und zieht dich runter? Redest du dir ein, der Text sei ja nicht so wichtig?

Und wie steht es mit dem Umgang, den du pflegst, mit deinem Freundeskreis, mit deinen Lektüren, deinem Gebrauch von Internet und Smartphone? Bist du dir ganz sicher, dass sie deiner Seele nicht schaden?

Wissenschaft als Gabe des Heiligen Geistes

Es ist ein großer Unterschied, ob ein Mensch nur an der Oberfläche lebt oder ob er tiefer schaut und den Dingen auf den Grund geht; denn nur wer gut zu unterscheiden weiß, der kann auch gut leben.

Deshalb ist die Gabe der Wissenschaft, durch die der Heilige Geist uns gerade in schwierigen Situationen beisteht und unseren inneren Blick klärt, nicht nur für studierte Leute, sondern sie ist von allerhöchster Bedeutung für jedermann.

Jesus hat gesagt: *„Ich preise dich, Vater, Herr des Himmels und der Erde, dass Du dies vor Weisen und Klugen verborgen, Kleinen aber geoffenbart hast! Ja, Vater, so war es wohlgefällig vor Dir." (Mt 11, 25 f.)*

Nicht selten findet sich die Gabe der Wissenschaft bei schlichten und einfachen Menschen sogar mehr als bei hochgebildeten und intellektuellen. Bei den Studierten kann es nämlich zuweilen geschehen, dass der Kopf den Zugang zum Herzen blockiert.

Manch altes Mütterchen hat viel klarere Einsichten als manch gelehrter Theologe. Als Therese von Konnersreuth einmal mit abwegigen Theorien konfrontiert wurde, soll sie gesagt haben: *„Ganz schön gelehrt, aber verkehrt."*

Beim hl. Alfons lesen wir: *„Wer Gott kennt und liebt, ist, wenn er auch nicht weiß, was andere wissen, doch gelehrter als alle Gelehrten, die Gott nicht zu lieben wissen." (Spiritualität der Liebe, S. 28)*

Lieber Leser: Die Gabe der Wissenschaft ist nicht kompliziert. Sie ist einfach und klar, und sie betrifft dich. Sie erhellt dein inneres Sehvermögen, damit du nicht zu kurz schaust. Sie weitet deinen Blick bis hinüber in die Ewigkeit. Geh an die Sonne, so wird sie für dich leuchten! Bitte den Heiligen Geist um Licht und Klarheit, so wird er sie dir geben!

4. STÄRKE

Bedürfnis

Während Gottesfurcht und Frömmigkeit in den innersten *Gesinnungen* der Seele wurzeln und die Wissenschaft *Einsicht* verleiht, bereitet die Gabe der Stärke den Weg zum konkreten *Handeln*.

Wie Gott den ersten Menschen zur Erleuchtung seines *Verstandes* mit Wissenschaft (*donum scientiæ*) begabt hat, so hat er ihm zur Stärkung seiner *Willenskraft* die *Gabe vollkommener Herrschaft* (*donum perfecti dominii*) verliehen. Dass auch diese Gabe verloren ging und dass wir an der Tatsache des Sündenfalls nicht vorbeikommen, beweist uns die tägliche Erfahrung, denn seine Folgen stehen uns lebhaft vor Augen: Unser Verstand ist getrübt und unsere Willenskraft geschwächt.

Dabei geht es uns nicht besser als den drei Aposteln im Ölgarten, zu denen einst Jesus sprach: *„Wachet und betet, damit ihr nicht in Versuchung fallt! Der Geist ist zwar willig, das Fleisch aber ist schwach."* *(Mk 14, 38)* - Diese Schwachheit ist das traurige Erbteil der Kinder Evas.

Um die Befähigung zu erlangen, der *Einsicht der Vernunft* zu folgen, üben wir die sittlichen Tugenden, denn sie disponieren uns, *vernunft*gemäß zu handeln. Um aber der *höheren Einsicht* Folge zu leisten, welche der Heilige Geist verleiht, um *gott*gemäß zu handeln, bedürfen wir über die Tugenden hinaus seines übernatürlichen Beistands, insbesondere durch die Gabe der Stärke.

In all den vielen im Leben immer wiederkehrenden Situationen, in denen unsere eigene schwache Kraft an ihre Grenzen stößt, brauchen wir genau das, wovon der hl. Apostel Paulus an die Epheser schreibt: *„Er verleihe euch nach dem Reichtum seiner Herrlichkeit, an Kraft zu erstarken durch seinen Geist im inneren Menschen!" (Eph 3, 16)*

Kardinaltugenden

Natürliche Grundlage für die Gabe der Stärke ist die Kardinaltugend der *Tapferkeit*.

Die vier *Kardinaltugenden* tragen diesen Namen, weil sie *Dreh- und Angelpunkt* (*cardo*) des gesamten sittlichen Lebens sind. Um sie zu verstehen, muss man wissen, dass es nach klassischer Lehre vier Seelenkräfte gibt. Die beiden ‚höheren' Seelenkräfte sind *Verstand* und *Wille*, die beiden ‚niederen' *Zornkraft* (*vis irascibilis*) und *Begehrkraft* (*vis concupiscibilis*). Als Gott den Menschen schuf, verlieh er ihm die besondere *Gabe der Integrität* (*donum integritatis*), durch welche alle vier Seelenkräfte in völliger Ordnung und Harmonie miteinander waren. Die höheren herrschten unangefochten über die niederen, gleich einem Kutscher, der die Zügel fest in seiner Hand hält und den Wagen sicher lenkt.

Infolge des Sündenfalls ging die Gabe der Integrität verloren, und mit ihr auch die innere Ordnung. Die *böse Begierlichkeit* (*concupiscentia*) hielt Einzug im Menschen. Seither kann es gelegentlich geschehen, dass dem Zorn die Zügel schießen oder dass niedere Begierlichkeiten in uns die Herrschaft übernehmen.

Zur Rückgewinnung und Sicherung der ursprünglichen Ordnung wird jeder Seelenkraft eine *Haupttugend* (*Kardinaltugend*) zugeordnet:

1. Die *Klugheit* hilft dem *Verstand*, klar zu sehen und richtig zu urteilen, um in der Folge dann auch gut zu handeln (vgl. KKK 1806).

2. Die *Gerechtigkeit* bewegt den *Willen*, sowohl Gott als auch den Mitmenschen zu geben, was ihnen gebührt (vgl. KKK 1807).

3. Die *Tapferkeit* veredelt die *Zornkraft* und befähigt, Schwieriges in Angriff zu nehmen und in Widrigkeiten durchzuhalten (vgl. KKK 1808).

4. Die *Mäßigkeit* zügelt die *Begehrkraft* zum rechten Gebrauch der irdischen Dinge; sie sichert die Herrschaft des Willens über die Triebe und lässt die Begierden die Grenzen des Ehrbaren nicht überschreiten (vgl. KKK 1809).

Mit dem hl. Thomas von Aquin (vgl. II,II,128,1) definieren wir die Tugend der *Tapferkeit* aus ihren Hauptwirkungen als *ardua aggredi et sustinere*. Das bedeutet: Sie ist jene Tugend, die uns befähigt, Schwieriges in Angriff zu nehmen und Schmerzhaftes zu erdulden.

Beides ist von größter Bedeutung für jeden, der nach Hohem strebt und nicht in den Niederungen des Lebens stecken bleiben will. Wird sie bildhaft dargestellt, so trägt die Tapferkeit als Schutzwaffe einen *Schild* und zum Angriff ein *Schwert*.

Stärke als Gabe des Heiligen Geistes

Die Gabe der Stärke reicht sehr viel weiter als die Tugend der Tapferkeit, gleich wie man mit einem Segel *schneller*, *leichter* und *weiter* vorankommt, als wenn man mühsam rudert. Sie befähigt den Menschen, all das zu unternehmen, was ihm notwendig ist, um sein ewiges Ziel zu erreichen.

Und welches ist dieses ewige Ziel? Wozu bist du auf der Erde? - Weißt du die Antwort? Dieses Ziel, zu dem du erschaffen bist, gibt deinem ganzen Leben Sinn und Richtung. Wenn du es erreichst, hast du *alles* gewonnen. Solltest du es aber verfehlen, so hättest du *alles* verloren.

Im *Katechismus* - einem Büchlein, in welchem kurz und bündig die gesamte katholische Glaubenslehre zusammengefasst ist - steht gleich an erster Stelle als allerwichtigste Frage: *„Wozu sind wir auf Erden?"*, worauf die Antwort lautet: *„Wir sind auf Erden, um Gott zu erkennen, ihn zu lieben und ihm zu dienen und einmal in den Himmel zu kommen."* Der *Himmel* ist das ewige Leben bei Gott in unvorstellbarem Glück (vgl. 1 Kor 2, 9).

Zwar macht uns die Gottesfurcht dem Bösen *ab*-geneigt und die Frömmigkeit dem Guten *zu*geneigt. Doch selbst wenn die Wissenschaft unseren Blick klärt und wir folglich recht unterscheiden, ist damit das Gute noch lange nicht *getan*.

Kampf des Lebens

Unser ganzes irdisches Leben ist Zeit der Prüfung, Zeit der Bewährung und Zeit des Kampfes: *„Militia est vita hominis super terram. - Kriegsdienst ist das Leben des Menschen auf Erden."* *(Job 7, 1 Vulg.)* Um treu zu sein, um der Versuchung zur Sünde zu widerstehen, um das Gute zu tun und Tugend zu üben, muss man kämpfen, denn: *„Wer nicht gekämpft, trägt auch die Kron' des ew'gen Lebens nicht davon."* *(Angelus Silesius)*

Deshalb schreibt auch der hl. Apostel Paulus an seinen Schüler Timotheus: *„Du aber, Mann Gottes, ... kämpfe den guten Kampf des Glaubens, erstreite das ewige Leben, zu dem du berufen bist."* *(1 Tim 6, 11 f.)* Und in seinem zweiten Brief: *„Wenn einer im Wettkampf steht, empfängt er keinen Kranz, wenn er nicht nach Vorschrift gekämpft hat."* *(2 Tim 2, 5)*

Von sich selbst kann Paulus sagen: *„Den guten Kampf habe ich gekämpft, den Lauf vollendet, den Glauben bewahrt. Nun liegt mir bereit die Krone der Gerechtigkeit, die mir überreichen wird der Herr an jenem Tag als der gerechte Richter."* *(2 Tim 4, 7 f.)*

Herausforderungen

Sind wir nicht tagtäglich mit mancherlei Herausforderungen konfrontiert? Scheint nicht häufig der Weg mühsam und sehr steil zu sein, die Lasten schwer und die Hindernisse unüberwindlich?

Welches also sind die Hindernisse, die uns im Leben begegnen? Diese sind nicht bei allen Menschen dieselben, und sie sind auch nicht in allen Lebenslagen gleich. Es gibt je eigene Herausforderungen der Kindheit, des Jugendalters, des Erwachsenenlebens und des Greisenalters. Den *guten Kampf* muss jeder auf seine Weise kämpfen.

- Bemühst du dich, wahrhaftig zu sein? Du wirst ganz sicher bemerken, dass Wahrhaftigkeit angefochten wird.

- Bemühst du dich, geduldig zu sein? Du wirst gewiss nicht abstreiten, dass es immer wieder neue Situationen gibt, welche die Geduld herausfordern und auf die Probe stellen.

- Bemühst du dich um Mäßigkeit, Keuschheit und Demut? Allen Tugenden ist es eigen, dass sie einer Kraft bedürfen, ohne die man sie letztlich nicht erfolgreich üben kann.

Das Gute kommt stets aus der *Kraft*, während das Böse aus *Schwäche* geschieht.

War dein Zornausbruch noch so ‚kraftvoll‘: Warte nur ein wenig, bis du wieder auf Betriebstemperatur bist, und wenn du dann ganz ehrlich bist, wirst du zugeben, dass du in Wirklichkeit schwach warst.

Fragen wir uns also offen und ehrlich: Welches sind meine Hindernisse? Was ist mir mühsam? Wo werde ich angefochten? Wo bin ich verwundbar? Wo will mir der Mut sinken? Wo bin ich in Gefahr, dass Traurigkeit mich lähmt? Wo mag ich resignieren?

- Manche Hindernisse und Prüfungen kommen von *außen*: Die Arbeit ist schwer, man ist gefordert bis über seine Kräfte und bekommt dann auch noch Steine in den Weg gelegt. Es kann regelrechte Angriffe von unterschiedlichsten Seiten geben: Verleumdung, Ungerechtigkeit und Mobbing. Man erlebt Schicksalsschläge, Erkrankungen, Behinderungen, Unfälle, Bedrängnisse jeder Art. Gibt es nicht solches auf die eine oder andere Weise in jedem Leben?

Wohl begegnen uns Mitmenschen, bei denen es scheinbar ‚rund‘ läuft, denen offenbar alles leicht von der Hand geht und die den Eindruck erwecken, als ob sie gar nicht angefochten werden. Aber könnten wir nur einmal hinter die Kulissen schauen, so würden wir bemerken: *Jeder* hat seine Last zu tragen, und es gibt *kein* Leben ohne Kreuz!

- Andere Hindernisse und Prüfungen aber kommen von *innen*: Mein eigenes Temperament kann mir durchaus mühsam sein. Leide ich nicht oft genug selbst unter meiner Gereiztheit, meiner Oberflächlichkeit, meiner Ablenkbarkeit, meiner Flatterhaftigkeit, meiner Schwatzhaftigkeit ... ? Ist es nicht so, dass man sich gelegentlich selbst auf die Nerven geht? Braucht man eine gute Portion Geduld nicht häufig gerade mit sich selbst? - Manchmal gibt es Anfechtungen, langwierige Versuchungen und schlechte Gedanken, die sich kaum vertreiben lassen. Man erlebt Zeiten der Trockenheit und Geistesdürre. Zuweilen lärmt es in der Seele, und innere Dialoge rauben den Schlaf, weil sie auch nachts nicht verstummen wollen. Es gibt die beklemmende Erfahrung von Trägheit, Menschenfurcht, Mattigkeit, Schwermut, Langeweile, Mutlosigkeit, Resignation ...

Lieber Leser: Um es ganz persönlich zu machen, erstelle doch eine Liste über all das, was du als mühsam empfindest. Schreibe einmal auf, was dir in irgendeiner Weise lästig ist, worüber du gerne jammern möchtest und was dich immer wieder zur Ungeduld reizt. - Hast du dann dein Register vollendet, so stelle dich damit vor das Kreuz des Herrn Jesus Christus, gehe in dich und achte darauf, was der Heilige Geist dir ins Herz legt.

Ist es nicht so, dass du bei all den Dingen, die dir im Leben mühsam sind, letztlich doch eine Wahl hast? Du kannst sie entweder annehmen oder dich dagegen sträuben.

Nun aber bedenke: Was du angenommen hast, das kannst du auch hingeben. Was du aber nicht annimmst, wie willst du es aufopfern? Schau auf Jesus und höre, wie er sagt: *„Nimm alles an! Gib alles mir!"*

Das ist die Lösung!

So einfach es aber zunächst klingt, so groß kann im Konkreten doch die Herausforderung sein. Aber wage den Versuch! Nimm auch das an, was dir vielleicht das Allerlästigste ist, was du dir selbst niemals ausgesucht hättest. *„Nimm alles an! Gib alles mir!"*

Doch wie soll das gehen, wenn es als zu schwer erscheint? Lass dich nur darauf ein, und du wirst mit Sicherheit erfahren, was schon der Prophet Isaias sagt: *„Weißt du es nicht, hast du es nicht gehört? Ein ewiger Gott ist der Herr, Schöpfer der Enden der Erde; er wird nicht müde und wird nicht matt, unergründlich ist seine Einsicht. Er gibt dem Ermüdenden Kraft, vermehrt des Ohnmächtigen Stärke."* (Is 40, 28 f.)

Freilich kann man bemerken, dass Gott seine Diener nicht schont, aber er kennt ja unsere Schultern, und nicht umsonst gibt er uns den Geist der Stärke! Einen Einblick in die Prüfungen seines Lebens gibt der hl. Apostel Paulus, wo er schreibt: *„In allem erweisen wir uns als Diener Gottes: in viel Geduld, in Bedrängnissen, in Nöten, in Ängsten, bei Schlägen, in Kerkerhaft, bei Aufständen, in Mühen, in Nachtwachen, in Fasten, in Keuschheit, in Wissenschaft, in Langmut, in Sanftmut, im Heiligen Geist, in un-*

geheuchelter Liebe, im Wort der Wahrheit, in der Kraft Gottes, durch die Waffen der Gerechtigkeit zur Rechten und zur Linken, bei Ehre und Schmach, bei schlechtem und gutem Ruf; wie Verführer, doch Wahrhaftige; wie Unbekannte, doch Wohlbekannte; wie Sterbende, doch siehe, wir leben; wie Gezüchtigte, doch nicht Getötete; wie Traurige, doch immer Frohe; wie Bedürftige, doch viele Bereichernde; wie solche, die nichts haben und doch alles besitzen." (2 Kor 6, 4-10)

Staunenswert ist, dass der hl. Apostel Paulus all das sogar mit Freude trug. Die Kraft aber, die ihn dazu befähigt hat, ist niemand anders als der Heilige Geist!

Zum Propheten Jeremias sprach der Herr: *„Gürte deine Hüften! Auf, und sprich zu ihnen, was immer ich dir befehle! Hab keine Angst vor ihnen, sonst mache ich dir vor ihnen Angst! Ich selbst, siehe, mache dich heute zur befestigten Burg, zur eisernen Säule, zur ehernen Mauer wider das ganze Land, wider Judas Könige und seine Fürsten, wider seine Priester und das Volk des Landes! Sie werden gegen dich kämpfen, aber sie bezwingen dich nicht; denn ich bin bei dir, dich zu retten."* (Jer 1, 17-19)

Voll Zuversicht sprach David zum übermächtigen Goliath: *„Du kommst zu mir mit Schwert, Lanze und Wurfspeer. Ich aber komme zu dir im Namen des Herrn der Heerscharen, des Gottes der Schlachtreihen Israels, die du geschmäht hast!"* (1 Sam 17, 45) Und Paulus fragt im Brief an die Römer: *„Wer will* *uns trennen von der Liebe Christi? Trübsal oder Bedrängnis oder Verfolgung oder Hunger oder Blöße oder Gefahr oder Schwert ...? In all dem obsiegen wir durch den, der uns liebt." (Röm 8, 35-37)*

Rührst du an Dinge, die wie dunkle Schatten auf deiner Seele lasten, Knoten und Verletzungen, die dich geneigt machen, bitter und unzufrieden zu werden, so öffne dich nur gleich für den Heiligen Geist, und du wirst seine Gabe der Stärke in dir erfahren!

Demut und Vertrauen

Die beiden wichtigsten Voraussetzungen dafür, dass der Heilige Geist kraftvoll in uns wirken kann, sind von unserer Seite *Demut* und *Vertrauen*. Dabei denken wir an das Wort Mariens im Magnificat, mit dem sie auf die Grundlage ihrer eigenen hohen Begnadung hinwies: *„Respexit humilitatem ancillæ suæ ... - Auf die Demut seiner Magd hat er geschaut. Siehe, von nun an werden mich selig preisen alle Geschlechter, denn der Mächtige hat Großes an mir getan, und sein Name ist heilig." (Lk 1, 48 f.)*

Der Mensch muss erkennen, dass letztlich seine Kraft nicht aus ihm selber kommt. Bildest du dir etwas ein auf deine Muskelkraft und deine intellektuelle Begabung? Ist es wirklich dein Verdienst, dass dein Körper gesund und dein Geist helle ist? Mein Elternhaus und die Kultur, in der ich aufgewachsen bin, auch dass ich katholisch bin - all das wurde mir ganz unverdient zuteil, und ich weiß mich dafür zu größtem Dank verpflichtet.

Der hl. Apostel Paulus fragt: *„Wer gibt dir einen Vorrang? Was hast du, und hättest es nicht empfangen? Hast du also empfangen, was rühmst du dich, als hättest du nicht empfangen?"* (1 Kor 4, 7)

Als die Israeliten ihre Feinde geschlagen hatten, waren sie versucht, sich für stark zu halten, bis Moses sie auf den Boden zurückholte, indem er sprach: *„Sage nicht etwa in deinen Gedanken: ,Meine Kraft und die Stärke meiner Faust haben mir diesen Erfolg verschafft', sondern gedenke des Herrn, deines Gottes: Er ist es, der dir Kraft verleiht."* (Dt 8, 17 f.)

Demut und Vertrauen ergänzen einander:

- Die *Demut* schützt uns vor *Hoch*mut, damit wir uns nicht überheben.

- Das *Vertrauen* schützt uns vor *Klein*mut, damit wir nicht verzagen.

Zur Demut mahnt der hl. Apostel Paulus mit den Worten: *„Wer meint, er stehe, der sehe zu, dass er nicht falle."* Und gleich im nächsten Vers ermutigt er zum Vertrauen, indem er sagt: *„Gott ist getreu; er wird euch nicht anfechten lassen über eure Kräfte, sondern bei der Anfechtung auch den Ausgang schaffen, dass ihr bestehen könnt."* (1 Kor 10, 12 f.)

Wer sich *zu* sicher fühlt, lebt gefährlich, denn das Sprichwort sagt: *„Hochmut kommt vor dem Fall."* Deshalb halte dich nicht für unverwundbar und sage niemals: *„Das könnte mir nicht passieren!"* oder: *„Bei uns gibt es das nicht!"* Weißt du, dass selbst Heilige erschraken bei dem Gedanken, was ihnen zuzutrauen wäre, wenn Gott sie nicht hielte? Wurdest du nicht vielleicht vor mancher Schurkerei nur deshalb bewahrt, weil sich dir keine Gelegenheit dazu bot?

Als hässlich empfinden wir die selbstgerechte und anmaßende Rede des Pharisäers, der bei sich sprach: *„Ich danke dir, dass ich nicht bin wie die übrigen Menschen!" (Lk 18, 11)* - Doch Vorsicht! Machen wir nicht den gleichen Fehler, indem wir den Pharisäer belächeln! Wenn wir nämlich ehrlich sind, liegt auch uns die Versuchung gar nicht so fern, immer wieder einmal verstohlen zu denken: *„Ach, gäbe es doch mehr von meiner Sorte auf dieser Welt ..."*

Du musst dich aufrichtig davon überzeugen, dass du der Kraft von oben wirklich bedarfst. Wenn du dich ihr öffnest, hast du schon fast gewonnen.

Warum ist Jerusalem gefallen? Waren seine Mauern zu schwach? Oder waren die Feinde zu stark? Weder die Mauern waren zu schwach noch die Feinde zu stark, sondern der Glaube Israels war dürftig. Sie haben ihren Gott vergessen! Jerusalem ging zugrunde, weil es die Stunde der Heimsuchung nicht erkannt und ihren Heiland abgelehnt hat (vgl. Mt 23, 37).

Im Leben der Menschen gibt es manchmal seltsame Schwankungen zwischen Hochmut und Kleinmut, zwischen Vermessenheit und Verzagtheit. In einem Moment hältst du dich für ganz toll und unverwundbar, und schon im nächsten Augenblick fällst du in selbstmitleidige Traurigkeit, die dich mutlos und verzagt macht. Hast du das schon erlebt?

Mit Fug und Recht kann man sagen: Noch niemand ist zu Fall gekommen, weil seine Kraft zu gering war, aber mancher ist gefallen, weil er nicht demütig war.

Besitzt du also Demut und Vertrauen, dann musst du nichts fürchten, es mag kommen was will, denn es sind keine Prüfungen im Leben denkbar, die man nicht mit Hilfe der Gnade Gottes bestehen könnte. Gott verlangt nichts, ohne uns zugleich die Kraft zu geben. Wozu er ruft, dazu befähigt er auch.

Von einem wunderbar großherzigen Vertrauen zeugt das Wort des hl. Augustinus, der zu Gott sagt: *„Conforta me, ut possim, da quod iubes et iube quod vis. - Stärke mich, dass ich es vermöge, gib, was Du verlangst, und verlange, was Du willst!" (Conf. 10, 31)*

Martyrium

Das demütig-zuversichtliche Vertrauen auf die Gabe der Stärke ist sehr konkret herausgefordert, wenn es um das *Martyrium* geht.

Dieses Thema betrifft *jeden* Christen, und es ist heute durchaus aktuell, denn in vielen Ländern werden Christen um ihres Glaubens willen verfolgt. Auch in Europa sind wir in zunehmendem Maß von verschiedenen mehr oder weniger offenen Formen von

Christenverfolgung betroffen, die nicht selten schon im Kindergarten beginnen.

Die christliche Nächstenliebe gebietet, dass wir der verfolgten Brüder und Schwestern in so vielen Ländern dieser Erde gedenken, sowohl im Gebet als auch durch tatkräftige Hilfe (wie dies beispielsweise die Hilfswerke HMK, CSI und ‚Kirche in Not‘ tun). Die Klugheit fordert aber auch, dass wir uns selbst für kommende Herausforderungen zum Glaubenszeugnis wappnen und uns bereithalten, wenn es sein soll bis zur Hingabe unseres eigenen Lebens für den Herrn Jesus Christus.

Der Begriff *Martyrer* kommt vom altgriechischen *martys* (*Zeuge*). Dieses Wort begegnet uns in der Heiligen Schrift dort, wo Jesus vor seiner Himmelfahrt zu den Aposteln sagt: *„Ihr werdet die Kraft des Heiligen Geistes empfangen, der auf euch herabkommt, und ihr werdet meine* <u>*Zeugen*</u> *(martyres) sein in Jerusalem und in ganz Judäa und Samaria und bis an die Grenzen der Erde.“ (Apg 1, 8)*

Die *Martyria* gehört zu den Grundvollzügen unseres Christseins.

- Im weiteren Sinn bezeichnet sie das Zeugnis für Christus und die Verkündigung seiner Heilsbotschaft in *Wort* und *Leben*.

- Im liturgischen Sprachgebrauch aber ist damit das *Blutzeugnis* gemeint, nämlich die Hingabe des Lebens in Treue zum Evangelium und aus Liebe zum Herrn.

Deshalb kann man ein *weißes Martyrium* und ein *rotes Martyrium* unterscheiden. Zum *weißen* Martyrium gehört die getreue Erfüllung der gewöhnlichen religiösen Pflichten, wie auch die Erfüllung der Standespflichten im persönlichen, im familiären, im beruflichen und im gesellschaftlichen Leben. Auch der Kampf gegen die Sünde und um die Bewahrung der Reinheit von Seele und Leib ist Bestandteil des gewöhnlichen Zeugnisses. Allerdings kann dieser Kampf heftig sein, so dass der hl. Apostel Paulus auch vom Ringen um die sittliche Lauterkeit sagt: *„Noch habt ihr nicht bis aufs Blut widerstanden im Kampf wider die Sünde."* (Hebr 12, 4)

Die Bereitschaft zu *beidem*, nämlich zum *weißen* und zum *roten* Glaubenszeugnis, ist grundsätzlich von jedem Christen gefordert! Wohl stirbt nicht jeder Christ blutig, aber eine gewisse Chance dazu besteht auch heutzutage allemal, und dafür bereithalten sollten wir uns immer, damit wir im Ernstfall nicht überrumpelt werden und die Gelegenheit verpassen.

Auf jeden Fall gilt: Indem wir in der Kraft des Heiligen Geistes die Treue im Kleinen üben, bereiten wir uns zugleich darauf vor, seinem Antrieb zu folgen, wenn es um Großes geht.

Ein schönes Beispiel großherziger Bereitschaft gibt der hl. Maximilian Kolbe. Von ihm wird berichtet, ihm sei in der Kindheit die Gottesmutter Maria erschienen und habe ihm zwei Kränze gezeigt. Sie schaute ihn liebevoll an und sprach: *„Der weiße Kranz bedeutet,* dass du die Reinheit bewahrst; der rote Kranz aber, dass du als Martyrer stirbst. Welchen wählst du?" Maximilian erwiderte in kindlicher Einfalt und zugleich wahrem Großmut: „Ich nehme beide!"

Zu den Pharisäern hat Jesus gesagt: „Seht, ich sende zu euch Propheten, Weise und Schriftgelehrte; die einen von ihnen werdet ihr töten und kreuzigen, andere von ihnen werdet ihr in euren Synagogen geißeln und von Stadt zu Stadt verfolgen." (Mt 23, 34)

Seinen Jüngern aber hat Jesus Verfolgungen vorausgesagt und sie ausdrücklich auf das Blutzeugnis eingestimmt, indem er sprach:

* „Selig seid ihr, wenn sie euch schmähen und verfolgen und lügnerisch alles Böse gegen euch sagen um meinetwillen. Freut euch und frohlockt, denn euer Lohn ist groß im Himmel. Ebenso nämlich haben sie die Propheten verfolgt, die vor euch waren." (Mt 5, 11 f.)

* „Wer sein Leben retten will, wird es verlieren; wer aber sein Leben um meinetwillen verliert, wird es finden." (Mt 16, 25)

* „Ein Knecht ist nicht größer als sein Herr. Haben sie mich verfolgt, werden sie auch euch verfolgen." (Joh 15, 20)

* „Alsdann werden sie euch der Drangsal ausliefern und euch töten, und ihr werdet verhasst sein bei allen Völkern ob meines Namens." (Mt 24, 9)

- *„Ich sage euch als meinen Freunden: Fürchtet euch nicht vor denen, die den Leib töten, aber darüber hinaus nichts weiter zu tun vermögen." (Lk 12, 4)*

Bei diesem ernsten Thema ist es wichtig, dass man nicht zu kurz schaut. Wer bei den Qualen stehen bleibt und nicht weiter schaut, der hat ein Problem. Aus der Perspektive der Ewigkeit aber kann man leicht erkennen, dass voller Einsatz sich unbedingt lohnt. So sagt das Buch der Weisheit: *„Die Seelen der Gerechten sind in Gottes Hand, und nicht berührt sie die Qual des Todes. In den Augen der Toren schienen sie zu sterben. Ihr Ende galt als Unglück und ihr Scheiden von uns als Untergang. Sie aber sind im Frieden. Und wenn sie auch vor Menschen Qualen erlitten, ist doch ihre Hoffnung voll von Unsterblichkeit. In Wenigem gepeinigt, sind sie nun in Vielem gut gestellt, denn Gott hat sie geprüft und sie seiner für würdig befunden. Wie Gold im Ofen hat er sie erprobt und wie ein Brandopfer sie angenommen." (Weish 3, 1-6)*

Wenn nun Gott von seinen Kindern unbedingte Treue fordert und die Bereitschaft, für ihn alles zu geben, auch Blut und Leben, dann muss er sie dazu unbedingt auch *befähigen.* Genau das tut er durch seinen Heiligen Geist, denn er hat klar und deutlich gesagt: *„Wenn sie euch wegführen und ausliefern, so macht euch vorher nicht Sorge, was ihr reden sollt; sondern was euch eingegeben wird in jener Stunde, das redet; denn nicht ihr seid es, die da reden, sondern der Heilige Geist." (Mk 13, 11)*

Weil ein Martyrium und überhaupt ein licht- und kraftvolles Glaubenszeugnis ohne den Beistand des Heiligen Geistes gar nicht möglich ist, heißt es unmittelbar vor dem großen Missionsauftrag vor der Himmelfahrt Christi: *„Er gebot ihnen, von Jerusalem nicht wegzugehen, sondern die Verheißung des Vaters zu erwarten, die ihr (so sprach er) aus meinem Mund gehört habt: Denn Johannes hat mit Wasser getauft; ihr aber werdet nach nicht vielen Tagen mit dem Heiligen Geist getauft werden."* (Apg 1, 4 f.)

Vom Erzmartyrer, dem heiligen Diakon Stephanus, ist vor seinem Martyrium der Beistand des Heiligen Geistes ausdrücklich bezeugt, denn es heißt: *„Er aber, erfüllt vom Heiligen Geiste, blickte zum Himmel, sah die Herrlichkeit Gottes und Jesus zur Rechten Gottes stehen."* (Apg 7, 55) - In seiner Kraft hat Stephanus die Siegeskrone erlangt!

Wir sehen heute, dass vor allem in vielen vom Islam beherrschten Ländern Christen bis aufs Blut verfolgt werden, und auch Europa ist auf dem besten Weg dazu, islamisch zu werden. Heißt das nun, dass wir uns fürchten müssen? Und ist der Islam das Problem? - Nein, nicht der Islam ist das eigentliche Problem, sondern vielmehr ist die große Schwäche weiter Teile der Christenheit ein existentielles Problem! Wären die Christen stark im Glauben, erfüllt vom Heiligen Geist, so hätte der Islam keine Chance. An uns ist es zu beten, dass die heutigen Martyrer die Kraft finden, ihren Peinigern zu vergeben wie Stephanus, auf dass ihr Blut für ihre Verfolger zum Segen werde.

Fragen wir uns nun ganz konkret: Wie hältst du es mit dem Martyrium? Denkst du, du wirst das schaffen? - Achtung!!! Der Apostel Petrus wurde gekreuzigt, der Apostel Simon zersägt, dem Apostel Bartholomäus zog man die Haut ab, der hl. Laurentius wurde gegrillt und die 21 koptischen Martyrer von Libyen wurden im Februar 2015 enthauptet. - Wird dir nicht vielleicht schon mulmig zumute, wenn du nur an den Zahnarzt denkst?

In einer Runde junger Christen kam einmal die folgende Frage auf: *„Was würdest du tun, wenn es darauf ankäme, dein Leben für Jesus zu geben?"* Damals hat ein Mädchen gesagt: *„Ich weiß nicht, was ich tun würde, aber ich weiß, was ich tun müsste, und ich bete darum, dass ich, wenn es darauf ankommt, die Kraft dazu bekomme."* Ist das nicht eine herrlich demütig-vertrauensvolle Antwort?

Genau deshalb, weil ich schwach bin und nicht weiß, was ich tun *würde*, bete ich zum Heiligen Geist, und zwar nicht nur im Hinblick auf das *rote* Martyrium. Was wirst du beispielsweise tun, wenn die nächste Gelegenheit sich bietet, Geduld zu üben? Vielleicht fordert dich noch heute dein Ehegatte heraus oder die nörgelnde Schwiegermutter, der mobbwütige Kollege, die streitsüchtige Nachbarin. Was wirst du tun? Musst du nicht auch da sagen: *„Ich weiß nicht, was ich tun würde, aber ich weiß, was ich tun müsste."* Habe Mut zur Demut und bete darum, dass du die Kraft bekommst, dich im Kleinen zu bewähren, damit du gegebenenfalls auch zu Großem bereit bist.

Eine frühchristliche Martyrerakte erzählt, wie die Sklavin Felicitas zusammen mit anderen Christen in einem finsteren Kerker saß und auf ihre Hinrichtung wartete. Sie erwartete ein Kind und befürchtete, wegen ihres Zustands zurückbleiben zu müssen, weil nach römischem Gesetz schwangere Frauen nicht hingerichtet werden durften. Doch auf das innige Gebet der verurteilten Christen hin begannen die Wehen, und Felicitas stöhnte unter den Schmerzen der frühen Geburt. Da sagte einer der Wächter: *„Wenn du jetzt schon so jammerst, was wirst du erst tun, wenn du den Bestien vorgeworfen wirst?"* Worauf die hl. Felicitas zur Antwort gab: *„Jetzt leide ich selbst, dort aber wird ein anderer in mir sein, der für mich leidet, weil es zu seiner Ehre geschieht."*

Sollte uns je der Mut verlassen, so denken wir an das trostvolle Wort Jesu, in welchem er alle Mühsal unseres Erdenlebens mit Geburtswehen vergleicht, durch die hindurch wir zum eigentlichen Leben gelangen (vgl. Joh 16, 20-22). Ganz ähnlich sagt der hl. Apostel Paulus: *„Ich bin überzeugt, dass die Leiden dieser Zeit nicht zu vergleichen sind mit der Herrlichkeit, die an uns offenbar werden soll."* (Röm 8, 18)

Wo der Geist Gottes wirkt, kann sogar in bitteren Stunden heilige Freude herrschen, und zwar von der Art, wie die Welt sie nicht *geben,* aber glücklicherweise auch nicht *nehmen* kann. Ganz wunderbar sagt dazu der hl. Johannes Chrysostomus: *„Wer die geistige Freude im Herzen trägt, den bewahrt sie vor* *jedem Kleinmut; wer sie nicht hat, den beugt alles nieder; er gleicht einem Kämpfer in schlechter Rüstung, dem der erstbeste Hieb eine Wunde schlägt. Wer aber ringsum fest umschirmt ist, an dem prallt jedes andringende Geschoss machtlos ab. Stärker als jede Rüstung ist die Freude in Gott; wer sie besitzt, der kann alles ertragen, nichts kann ihn verzagt und traurig stimmen. ... Nimmst du einen Martyrer, der kaum noch atmet, vom Pfahl oder aus der Glutpfanne weg, so wirst du eine Freude in ihm finden, die sich gar nicht aussprechen lässt." (Erste Homilie über den 2. Korintherbrief)*

Seien wir also getrost! Mit dem Beistand des Heiligen Geistes in der Gabe der Stärke dürfen wir in allen Fährnissen des Lebens vertrauensvoll und froh mit dem hl. Apostel Paulus sagen: *„Alles vermag ich in dem, der mich stärkt." (Phil 4, 13)*

5. RAT

Tugend der Klugheit

Wie die Gabe der Frömmigkeit auf die natürliche Kindesliebe, die Gabe der Wissenschaft auf das natürliche Erkenntnisvermögen und die Gabe der Stärke auf die Kardinaltugend der Tapferkeit, so baut die *Gabe des Rates* auf die Kardinaltugend der *Klugheit* auf.

Die Klugheit ist die erste der vier Kardinaltugenden, denn sie bringt die übrigen drei gewissermaßen hervor. Gerecht, tapfer und mäßig kann nämlich nur sein, wer *klug* ist. Sie unterstützt die *praktische Vernunft*, indem sie uns nach reiflicher Überlegung richtige Entscheidungen fällen und diese dann in die Tat umsetzen lässt.

Man unterscheidet drei *Akte* der Tugend der Klugheit:

1. *concilium*   klar *sehen*
2. *Iudicium*   richtig *urteilen*
3. *imperium*   gut *handeln*

Sehen: Zunächst muss man gut nachdenken und die Sache von verschiedenen Seiten und aus gebührender Distanz betrachten, um im Ganzen den richtigen Blickwinkel zu finden.

Zur Klugheit gehört auch die *Gelehrigkeit* (*docilitas*). Das ist die Bereitschaft, auf weisen Rat zu hören und von fremder Erfahrung zu profitieren, denn man kann ja schließlich nicht in allen Bereichen Experte sein. Immerhin aber sollte man wissen, an wen man sich in wichtigen Dingen wenden kann.

Die ersten Ratgeber für Kinder sind von Natur aus die Eltern, auf deren Rat man auch im späteren Leben zumindest gut und gerne horchen sollte. Daneben gibt es andere Ratgeber: In gewissen Anliegen wendet man sich eher an den Arzt, in anderen an den Steuerberater oder an den Elektriker. Wo es aber um grundlegende Lebensfragen geht, ist es von größtem Vorteil, eine geistliche Begleitung und einen guten Beichtvater in Anspruch nehmen zu können.

Das bedeutet freilich nicht, dass der Berater einem die Entscheidungen abnimmt, denn entscheiden und handeln muss letztlich jeder selbst.

Urteilen: Hat man die Sache gründlich erwogen, wird man nicht in endlosem Grübeln verharren und wichtige Entscheidungen nicht Tag für Tag vor sich herschieben. Des Teufels liebstes Möbelstück ist ja bekanntlich die ‚lange Bank‘. Vielmehr lehrt die Klugheit, nach reiflicher Erwägung - weder überstürzt noch zögerlich - klare Entscheidungen zu fällen, wobei uns mehr die vernunfthafte als die gefühlsmäßige Hinneigung leiten sollte.

Klug im besten Sinne des Wortes war der verlorene Sohn, der, nachdem er im Gedenken an den Vater zur Besinnung gekommen war, entschieden zu sich selber sprach: *„Ich will mich aufmachen und zu meinem Vater gehen!"* (Lk 15, 18)

Handeln: Schließlich gilt es, die Entscheidung in die Tat umzusetzen. Dazu gehört, dass man zur richtigen Zeit und unter den richtigen Umständen die richtigen Mittel anwendet, welche notwendig sind, um ans gewünschte Ziel zu kommen.

Die Tugend der Klugheit schützt vor *Unbesonnenheit* und *Unentschlossenheit*:

- *Unbesonnen* ist, wer handelt ohne zu überlegen. Der Unbesonnene ist gewissermaßen *blind*.

- *Unentschlossen* ist, wer überlegt ohne zu handeln. Der Unentschlossene ist *lahm*.

Rat als Gabe des Heiligen Geistes

Während die Gabe der *Wissenschaft* im Allgemeinen lehrt, den Dingen auf den Grund zu gehen, erleuchtet die Gabe des *Rates* unsere praktische Vernunft und befähigt sie, in sehr konkreten einzelnen Fällen hier und jetzt (*hic et nunc*) das Richtige zu wählen. Das ist vor allem da von Bedeutung, wo wir mit unserer eigenen Klugheit an die Grenzen stoßen, und ganz besonders, wenn es um wichtige Lebensentscheidungen und um Belange geht, die für unser ewiges Heil bedeutsam sind.

Junge Menschen, die im Frühling ihres Lebens stehen, haben die wunderbare Chance, noch sehr viel richtig zu machen. Umgekehrt kann es aber auch geschehen, dass einzelne falsche Entscheidungen ein ganzes Leben belasten.

Ein Christ wird vor allen wichtigen Entscheidungen den Heiligen Geist anrufen. Ihn bitten wir, dass er uns seine Wege zeige, unsere Schritte lenke und uns vor Fehltritten bewahre.

Wir können nichts Besseres anstreben, als so zu sein, wie Gott uns gedacht hat, denn Gott denkt Gedanken des Heils. Seine Absichten über unser Leben zu ergründen gebührt alleroberste Priorität. Darum hat Jesus uns gelehrt zu beten: *„Dein Wille geschehe!"* (Mt 6, 10)

- Das tat auf seine Weise Saulus, als ihm vor Damaskus in hellem Licht Jesus erschien, den er sogleich fragte: *„Herr, was willst du, dass ich tun soll?"* (Apg 9, 6)

- Und zu Beginn der heiligen Messe beten wir im Stufengebet das Psalmwort: *„Emitte lucem tuam et veritatem tuam! - Sende aus Dein Licht und Deine Wahrheit!"* (Ps 42 Vulg.)

Durch die Gabe des Rates erfüllt sich das Wort Jesu, dass wir uns sogar im Ernstfall der Verfolgung nicht sorgen müssen, wie und was wir reden sollen, denn: *„Nicht ihr seid es, die reden, sondern der Geist eures Vaters ist es, der in euch redet."* (Mt 10, 20)

Es ist, wie König David sagt: *„Eine Leuchte für meinen Fuß ist dein Wort und ein Licht meinem Pfade."* (Ps 119, 105)

Rat für sich selbst

Durch die Gabe des Rates zeigt uns der Heilige Geist nicht nur, *was* zu tun ist, sondern auch, unter welchen *Umständen* und auf welche *Weise* wir nach dem Willen Gottes leben und handeln sollen. Wir brauchen diese so nützliche Gabe sowohl für *uns selbst* als auch zum Dienst *an anderen*.

Für uns selbst benötigen wir den Rat vor allem in drei Bereichen:

1. um wirksame Vorsätze zu fassen und durch Übung in der Tugend unsere Fehler zu überwinden;

2. um die Absichten Gottes über unser Leben zu ergründen, die richtige Standeswahl zu treffen und uns durch die getreue Erfüllung der Standespflichten zu heiligen;

3. um von den Sakramenten einen klugen Gebrauch zu machen und unser geistliches Leben gut zu ordnen.

Zum *ersten Bereich* gehört eine heilsame Selbsterkenntnis. Dabei geht es nicht nur darum, einzelne Sünden zu erkennen, sondern mehr noch deren Wurzeln, nämlich unsere Fehler und schlechten Gewohnheiten. Es ist ja nicht einerlei, ob man ziellos Symptome behandelt, indem man dem ‚Unkraut' gleichsam nur die Köpfe abschneidet, oder ob man gezielt den Hebel bei den Hauptsünden und Lieblingsfehlern ansetzt und so den Lastern und Lästerlein an die Wurzeln geht. Dazu ist Klugheit und eine gute Portion Rat notwendig, denn jeder weiß wohl aus Erfahrung, dass es zuweilen gar nicht so leicht ist, die eigenen Fehler zu sehen, sie sich einzugestehen, sie zu bekennen und sie dann auch noch zu besiegen.

Schlechte Gewohnheiten bekämpft man nicht so sehr durch ‚Abgewöhnen‘, denn das allein wäre aussichtslos. Wirklich besiegen kann man sie nur, wenn man gute Gewohnheiten dagegensetzt und so mit dem Guten das Böse überwindet, wie der hl. Apostel Paulus sagt: *„Lass dich nicht überwinden vom Bösen, sondern überwinde mit dem Guten das Böse."* (Röm 12, 21)

Vage formulierte Vorsätze, die im Allgemeinen bleiben, werden nicht viel bewegen. Man wird auf der Stelle treten und kaum nennenswerte Fortschritte machen, wie es das Buch der ‚Nachfolge Christi‘ beklagt: *„Viele zählen die Jahre ihrer Hinkehr zu Gott, aber die Frucht der Lebensbesserung ist oft gering."* (1, 23)

Es sind ja ganz konkrete Situationen, konkrete Orte, konkrete Geräte (z. B. PC oder Smartphone), konkrete Zeiten, konkrete Genussmittel, konkrete Getränke und auch konkrete Personen, die uns zu Wachsamkeit und Tugendübung herausfordern. Konkret muss also auch der Vorsatz sein, konkret die Medizin, wenn du konkrete Fehler bei den Hörnern packen und seelische Wunden heilen willst.

Kennst du deinen persönlichen Hauptfehler? Hast du bereits die richtige Strategie gefunden? Bitte den Heiligen Geist um seinen Rat!

Der *zweite Bereich* betrifft *die* große Lebensaufgabe, die sich jedem Menschen stellt, grundsätzliche Entscheidungen zu treffen, welche für das zeitliche und ewige Heil bedeutsam sind.

Um richtig zu wählen, muss ich sorgfältig ergründen, was Gott sich gedacht hat, als er mich ins Dasein rief. Wie nämlich Gott einem jeden der Abermillionen Menschen ein ganz eigenes Gesicht und einen unverwechselbaren Fingerabdruck gibt, so ähnlich ist es auch mit den Seelen. Sie spiegeln eine schöpferische Fülle wider, die unzählige Male etwas Einzigartiges schaffen kann, ohne sich je wiederholen zu müssen. Gott ruft alle Menschen mit einem besonderen, einmaligen Namen, wie der Prophet Isaias sagt: *„Hört auf mich, ihr Inseln, merkt auf, ihr Völker der Ferne! Der Herr berief mich vom Mutterleib her, nannte meinen Namen vom Mutterschoß an."* *(Is 49, 1)* Dies ist nicht der Name, den uns die Eltern gaben, sondern es ist das Schöpferwort, das uns ins Dasein rief und in dem alles enthalten ist, was Gott für uns will.

In unser Innerstes hat Gott eine tiefe Sehnsucht nach Entfaltung unserer Persönlichkeit gelegt, und er will, dass wir durch freie Mitwirkung zur Vollendung gelangen.

Wenn du gut wählst, findest du Erfüllung und am Ende das ewige Leben! Sei gewiss, dass es das Allerbeste für dich ist, den Willen Gottes zu finden und ihn zu erfüllen, zu seiner Ehre und zum Heil deiner Seele!

In welchem Lebensabschnitt oder Stand wir uns auch immer befinden: Überall gilt es, uns durch die getreue Erfüllung unserer *Standespflichten* zu bewähren. Sie stehen so hoch, dass auch religiöser Eifer nur dann Gott wohlgefällig sein kann, wenn er im Einklang mit den Standespflichten steht. Umgekehrt ist die Vernachlässigung der Standespflichten ein sicheres Zeichen, dass irgendetwas ungeordnet ist und dass man dringend mit sich zu Rate gehen sollte.

Als Hilfe, um in der Vielfalt der täglichen Pflichten einen klaren Blick zu bewahren, hat der hl. Augustinus den Begriff *Ordo amoris* geprägt. Diese *Rangordnung der Liebe* lehrt, dass nicht jede Pflicht gleich hoch steht. Eine Mutter hat andere Standespflichten als ein Schulmädchen oder eine Ordensfrau. Auch stehen Mann und Kinder ihr näher als die Nachbarn. Mit innerer Logik bemühe man sich zuerst darum, ein guter Mensch und dann ein guter Mann, ein guter Ehemann, ein guter Sohn, ein guter Vater, ein guter Arbeiter, ein guter Vorgesetzter und auch ein guter Staatsbürger zu sein. - Wer nicht zuerst bei sich selber sagt *„Ich will ein guter Mann sein!"*, wie will der einmal zur Gattin sagen *„Ich will <u>für dich</u> ein guter Mann sein!"*?

Ebenfalls in der Logik des *Ordo amoris* schreibt der hl. Apostel Paulus: *„Wir wollen nicht müde werden, Gutes zu tun, denn zu seiner Zeit werden wir ernten, sofern wir nicht nachlassen. Lasst uns also, solange wir Zeit haben, allen Gutes tun, <u>besonders den Brüdern im Glauben</u>."* (Gal 6, 9 f.)

Der *dritte Bereich*, für den wir für uns selbst der Gabe des Rates bedürfen, betrifft das geistliche Leben.

Jesus weist darauf hin, dass der Mensch nicht vom Brot allein lebt, sondern von jedem Wort, das aus dem Munde Gottes kommt (vgl. Mt 4, 4). Das bedeutet: Auch die Seele bedarf der Nahrung, damit sie nicht verkümmert. Wie nämlich eine Mangelernährung den Leib schwächt, so schwächt auch geistige Magerkost das seelische Immunsystem.

Im Bereich der leiblichen Ernährung herrscht heute große Sensibilität: Vollwertig und ausgewogen soll die Kost sein, dabei möglichst noch biologisch angebaut und sorgfältig zubereitet. Verpönt ist *Junkfood*, d. h. minderwertiges Essen mit viel Fett, allerlei chemischen Zusatzstoffen und künstlichen Geschmacksverstärkern. Leidet man gar unter Lebensmittelallergie oder -intoleranz, wird man gewisse Reizstoffe noch sorgsamer meiden, auf manche Leckerei ganz verzichten und sich umso bewusster gesund ernähren.

Wie wir aber im körperlichen Bereich die Ernährung nicht dem Zufall überlassen und auch nicht alles, was uns gerade vor die Nase kommt, in den Mund stecken, so sollten wir mit mindestens ebensolcher Sensibilität unser geistliches Leben pflegen, um auch im Alltag mit Gott verbunden zu bleiben. Wie hältst du es mit dem Morgen- und Abendgebet, dem Angelus, dem Rosenkranz und der Schriftlesung? Und wie regelmäßig gehst du beichten? All das sollte Gegenstand deiner *geistlichen Tagesordnung* (GTO) sein!

Klugheit und Rat werden dir helfen, in den geistlichen Übungen das richtige Maß zu finden. Wie es nämlich (*per defectum*) ein *Zuwenig* gibt, so kann es (*per excessum*) auch ein *Zuviel* an äußeren Übungen geben. Das ist vor allem dort der Fall, wo die geistliche Übung zum Alibi für die Vernachlässigung der Standespflichten wird.

Manche Greenhorns im geistlichen Leben begehen den Fehler, sich ein so hohes Maß von Lasten aufzuerlegen, dass sie es unmöglich auf Dauer durchhalten können. Auf den Übereifer folgt dann meist rasch die Resignation. Es darf also nicht ein Pensum sein, das man ausnahmsweise tatsächlich auch einmal zu bewältigen vermag, ansonsten aber gewohnheitsmäßig kaum halb persolviert. Vielmehr gilt es klugerweise, sich selbst ein *geistliches Minimum* zu definieren, an dem man gerade auch dann festhält, wenn es dick kommt und man sehr viel zu tun hat.

Denke dir, du wärest sehr beschäftigt und würdest deshalb das Essen und Schlafen drastisch reduzieren. Für kurze Zeit mag das gut gehen, aber gerade wenn du viel leisten möchtest, musst du Ordnung im Essen und Schlafen halten, sonst hast du bald ‚akkuleer‘, und deine Nerven liegen blank.

Zu dem uns von der Mutter Kirche vordefinierten geistlichen Minimum gehört das, was bereits über die fünf *Kirchengebote* angeklungen ist: Kein Sonntag ohne heilige Messe, regelmäßige Beichte und heilige Kommunion sowie die freitägliche Abstinenz.

Rat zum Dienst an anderen

Im Dienst am Nächsten bedürfen wir der Gabe des Rates überall dort, wo es Menschen zu führen gilt. Das ist von Natur aus Sache der Eltern, von Amts wegen aber Aufgabe von Priestern, Erziehern, Lehrern sowie jeder Art von geistlichen und weltlichen Vorgesetzten.

- *Positiv* geht es darum, das körperliche und geistige Wohl der Untergebenen durch Vorbild und Unterweisung zu fördern.

- *Negativ* gilt es, auf kluge Weise zu warnen, zu mahnen und zu tadeln, wo immer dies die Pflicht oder die Liebe gebietet.

Erstens kommt es dabei auf die richtige *Zeit* an. Es heißt nämlich mit Recht: *„Ein Wort zur rechten Zeit wirkt mehr als tausend Worte zur Unzeit."* Manchmal ist es besser zu reden, und manchmal ist es besser zu schweigen. Dabei frage man sich: Schweige ich aus *Feigheit* oder schweige ich aus *Klugheit*?

Wo es um ein Hirtenamt geht, da gehört das Reden selbst im Angesicht der Wölfe zur heiligen Pflicht. Jesus warnt vor Mietlingen, die vor jeder Art von Wölfen einknicken (vgl. Joh 10, 12), und die alttestamentlichen Propheten schleudern ihr *„Wehe!"* gegen nichtsnutzige Hirten (vgl. Jer 23, 1; Ez 34, 2; Zach 11, 17). Der hl. Apostel Paulus schreibt an seinen Schüler Timotheus: *„Ich beschwöre dich vor Gott und Jesus Christus, der richten wird die Leben-*

den und die Toten, bei seiner Ankunft und bei seinem Reich: Verkünde das Wort, steh dafür ein, sei es gelegen oder ungelegen. Rüge, mahne, weise zurecht in aller Geduld und Lehrweisheit. Denn es kommt eine Zeit, da man die gesunde Lehre nicht mehr erträgt, sondern zum Ohrenkitzel nach eigenen Gelüsten sich Lehrer anhäuft. Von der Wahrheit wird man das Ohr abwenden und Fabeleien sich zuwenden. Du aber sei wachsam, ertrage alle Mühsal, vollbringe das Werk eines Künders des Evangeliums, erfülle deinen Dienst!" (2 Tim 4, 1-5)

Zweitens kommt es aber auch auf die richtige *Art und Weise* an. Bei jedem Wort und jeder Mahnung sollte der, den es betrifft, tiefes Wohlwollen spüren. Ein Kind sollte sowohl bei Unterweisungen als auch bei Tadel und sogar bei Strafe spüren, dass Vater und Mutter es lieben. Wenn aber die Liebe ausschlaggebend ist, wird das, was den Eltern wichtig ist, gewiss den Weg ins Herz ihrer Kinder finden, und die Strafen werden auch niemals hart oder unverhältnismäßig sein.

Dem hl. Franz von Sales wird das Wort zugeschrieben, mit einem Tropfen Honig fange man mehr Fliegen als mit einem ganzen Fass Essig. Tatsächlich bewirkt manch ruhiges Wort weit mehr als viele Zornausbrüche.

Vom Geist des Rates sagt der hl. Apostel Paulus: *„Brüder! Selbst wenn einer bei einem Fehltritt angetroffen wird, sollt ihr als Geisterfüllte einen solchen* *im Geist der Milde zurechtweisen; denke dabei an dich selbst, damit nicht auch du versucht werdest. Einer trage des anderen Last, und ihr werdet so das Gesetz Christi erfüllen. Denn wenn einer glaubt, etwas zu sein, da er doch nichts ist, so betrügt er sich selbst. Sein eigenes Tun prüfe ein jeder, und dann mag er Ruhm für sich selber haben und nicht bei dem andern. Denn ein jeder hat seine eigene Bürde zu tragen."* (Gal 6, 1-5)

Lob auf den Rat

Ein hohes Lob auf die Gabe des Rates findet sich in den Worten des Psalmisten: *„Ich preise den Herrn, der den Rat mir gab, sogar in den Nächten mahnt mich mein Inneres. Beständig habe ich den Herrn vor Augen. Ist er zu meiner Rechten, so wanke ich nicht. Darum freut sich mein Herz und jubelt mein Gemüt; auch mein Leib kann sorglos ruhen. Denn Du gibst mein Leben nicht der Unterwelt preis und lässt Deinen Frommen die Grube nicht schauen. Du machst mir den Weg des Lebens kund, Fülle der Freuden bietet Dein Antlitz, Wonne ist in Deiner Rechten für immer."* (Ps 16, 7-11)

6. VERSTAND

Durst nach Wahrheit

Noch sehr viel weiter als die Gaben von *Wissenschaft* und *Rat* reicht die Gabe des *Verstandes*, denn der *Durst* der menschlichen Vernunft ist *transzendent* und geht ins *Unendliche*. Indem die Vernunft nach der Wahrheit in ihrer ganzen Fülle sucht, sucht sie letztlich nach Gott selbst, der *die* Wahrheit ist.

Dreifaches Licht

Zum Größten, was man über den Menschen sagen kann, gehört, dass er *gottfähig* (*capax Dei*) ist. Genau hierin ist seine einzigartige, die übrige sichtbare Schöpfung überragende Würde begründet. Der hl. Apostel Paulus bringt dies staunend zum Ausdruck, wo er sagt: *„Möget ihr in Freude Dank sagen dem Vater, der uns befähigt hat, Anteil zu erhalten am Erbe seiner Heiligen im Licht."* (Kol 1, 12)

Dazu *befähigt* sind wir, weil Gott uns nach seinem Bild erschaffen und mit Vernunft und freiem Willen begabt hat. Wie nämlich das menschliche Auge für das Licht der Sonne, so ist der ganze Mensch in seiner vernunftbegabten Natur geschaffen und befähigt zur Teilhabe am göttlichen Licht. Genau das meint das Wort des hl. Augustinus: *„Fecisti nos ad te, Domine, et inquietum est cor nostrum donec requiescat in te.*

- Du hast uns erschaffen für Dich, o Herr, und unruhig ist unser Herz, bis es ruhet in Dir." (Conf. 1,1)

Zur Teilhabe am Licht gelangen wir über drei Stufen:

1. Da ist zunächst das mit der menschlichen Natur verbundene *Licht der Vernunft (lumen rationis)*. Im Kleinkind schlummert es noch, doch sobald die Vernunft erwacht, beginnt der junge Mensch, seine Umgebung zu erforschen und den Dingen auf den Grund zu gehen. Mit Hilfe der Vernunft können wir nicht nur die natürliche Gesetzmäßigkeit der Schöpfung ergründen und uns nutzbar machen, sondern wir können aus der Schöpfung auch den Schöpfer erkennen, wie es das 1. Vatikanische Konzil lehrt: *„Gott, aller Dinge Grund und Ziel, kann mit dem natürlichen Licht der menschlichen Vernunft aus den geschaffenen Dingen mit Sicherheit erkannt werden." (DS 3004)*

2. Höher als das natürliche Licht der Vernunft steht das übernatürliche *Licht des Glaubens (lumen fidei)*. Ähnlich, wie wir mit bloßem Auge die Sonne nicht direkt schauen können, ohne zu erblinden, so wird auch der natürliche Verstand durch das göttliche Licht gewissermaßen überwältigt. Im Glauben aber wird unser geistiges Sehvermögen gnadenhaft erhöht. Die Einsicht in die göttliche Offenbarung schenkt uns Erkenntnisse, die jene der natürlichen Vernunft weit übersteigen.

3. Über diesen beiden steht als höchste Vollendung das *Licht der Glorie* (*lumen gloriæ*) in der ewigen Glückseligkeit. Die beseligende Anschauung Gottes (*visio beatifica*) von Angesicht zu Angesicht und damit verbunden der Genuss seiner selbst ist das Allerhöchste, was wir je erreichen können, *„das letzte Ziel und die Erfüllung der tiefsten Sehnsüchte des Menschen, der Zustand höchsten, endgültigen Glücks"* (KKK 1024). All unser Suchen nach Erkenntnis, nach Wahrheit und Licht ist letztlich auf dieses Ziel hingeordnet.

Der Glaube

Durch die *Gabe des Verstandes* befähigt uns der Heilige Geist zu einer tieferen Erkenntnis der geoffenbarten Wahrheit. So vervollkommnet er die *Tugend des Glaubens*, durch die wir Gott *anerkennen* und ihn *bejahen*, ihm *vertrauen* und uns ihm *anvertrauen*.

• Das Wort *credere* (*glauben*) bedeutet dem Verstande nach *vertrauen*. Im Glauben halten wir all das, was Gott geoffenbart hat und uns durch die Kirche zu glauben lehrt, sicher für wahr. Vernünftig ist dieser Glaube, weil Gott weder irren noch lügen kann und weil er sich in all dem, was er als Schöpfer und Erlöser für uns tut, als absolut glaubwürdig erweist (vgl. Joh 8, 44-47 und 10, 38).

- Dasselbe Wort *credere* bedeutet <u>dem Willen nach</u> *anvertrauen*. Der Glaube drängt nämlich zur Hingabe an Gott, in dem allein wir Glück und Seligkeit finden.

Beides kommt in einer schönen volksetymologischen Ursprungsdeutung zum Ausdruck, welche das Wort *credere* von *cor-dare* ableitet, was soviel heißt wie: *das Herz geben*.

Wohl gibt es auch ein menschliches Glauben aus natürlichen Motiven und eigener Kraft. Der eigentlich heilswirksame Glaube aber ist nicht vom Menschen machbar. Wir können uns nur vorbereiten, indem wir uns innerlich durch die Erwägungen der Glaub*wür-digkeit* zur Glaub*willigkeit* hin bewegen. Letztlich aber bleibt der Glaube ein *„Geschenk Gottes, eine von ihm eingegossene übernatürliche Tugend" (KKK 153)*. Deshalb sagt der Katechismus: *„Beim Glauben wirken Verstand und Wille des Menschen mit der göttlichen Gnade zusammen." (KKK 155)* Genau diese drei nennt auch der hl. Thomas von Aquin, wenn er den Glauben definiert als *„Akt des Verstandes, der der göttlichen Wahrheit zustimmt auf Geheiß des Willens, der von Gott durch die Gnade bewegt wird" (2-2,2,2)*.

In einem Text der römischen Glaubenskongregation heißt es: *„Der Glaube ist ein Geschenk der Gnade. Dieser Glaube kann nicht vollzogen werden ohne die zuvorkommende und helfende Gnade Gottes und ohne den* <u>*inneren Beistand*</u> *des Heiligen Geistes, der das Herz bewegen und Gott zuwenden, die Augen des Ver-*

standes öffnen und es jedem leicht machen muss, der Wahrheit zuzustimmen und zu glauben." (Erklärung ‚Dominus Jesus' vom 6. August 2000, Nr. 7)

Glauben und Vernunft

Diesen inneren Beistand gibt uns der Heilige Geist durch die *Gabe des Verstandes*. Sie bringt klares und helles Licht in unsere Vernunft, sodass wir die geoffenbarten Wahrheiten tiefer erkennen und besser verstehen können.

Lateinisch heißt die Gabe des Verstandes *intellectus*. Das kommt von *intellegere*, was soviel heißt wie *von innen lesen* oder einfach *innewerden*.

An dieser Stelle ist unbedingt festzuhalten, dass der Glaube nicht blind ist. Das gutgemeinte Wort vom *blinden Glauben* ist eigentlich grundfalsch, denn auch das kindliche Vertrauen auf den sich offenbarenden Gott ist alles andere als blind.

Gott hat uns nicht umsonst mit Vernunft begabt, und den Kopf haben wir nicht nur für den Hut. Deshalb steht der katholische Glaube unter dem ausgesprochenen Anspruch, vernünftig zu sein, wie Paulus sagt: *„Rationabile obsequium vestrum! - Vernünftig sei euer Glaubensgehorsam!" (Röm 12, 1)* Zwischen Glauben und Vernunft ist ein wirklicher Widerspruch nicht denkbar, denn derselbe Gott, der uns die Vernunft gab, gibt uns auch das Licht des Glaubens. Würde irgendetwas im Glauben sich tatsächlich als unvernünftig erweisen, so wäre es mit Sicherheit falsch. Deshalb sagte Papst Benedikt XVI. in seiner berühmten Regensburger Rede im September 2006: *„Nicht vernunftgemäß handeln ist dem Wesen Gottes zuwider."* Und auch der hl. Anselm von Canterbury, den man ,Vater der Scholastik' nennt, spricht mit Recht vom *Glauben, der nach Einsicht sucht (fides quærens intellectum)*.

Halten wir also fest: Wir glauben, weil wir uns überzeugt haben, dass Gott glaubwürdig ist. Eben weil ich weiß, wer Gott ist (vgl. 2 Tim 1, 12), glaube ich, und zwar auch in den Dingen, die meine Vernunft übersteigen. Der Glaube macht nicht blind, sondern sehend. Damit aber unsere Vernunft immer mehr Licht in der geoffenbarten Wahrheit findet, schenkt uns der Heilige Geist die Gabe des Verstandes.

Blind und unvernünftig wäre es hingegen, etwas zu glauben, nur weil es in der Zeitung steht oder nach *Mainstream* schmeckt.

Verstand als Gabe des Heiligen Geistes

Die *Wissenschaft der Theologie* benutzt die Vernunft, um mit ihrer Hilfe die geoffenbarte Wahrheit tiefer zu durchdringen. Deshalb brauchen vor allem die Theologen die Gabe des Verstandes, wobei es unter den sich für aufgeklärt haltenden Theologen nach der Art von Karl Rahner und Hans Küng vermutlich nicht wenige gibt, bei denen man diese Gabe vergeblich sucht.

Wenn jemand beginnt, die Theologie zu studieren, kann es geschehen, dass er sie im ersten Moment für recht kompliziert hält, weil er den Überblick noch nicht hat. Je tiefer er aber zur Einsicht in die inneren Zusammenhänge (*analogia fidei*) der geoffenbarten Wahrheit kommt, desto einfacher und klarer erscheint sie ihm.

Dabei möchte man an den herrlichen Vers aus dem Evangelium denken, wo es heißt: *„In jener Stunde frohlockte Jesus im Heiligen Geist und sprach: ‚Ich preise Dich, Vater, Herr des Himmels und der Erde, dass Du dies vor Weisen und Klugen verborgen, Kleinen aber geoffenbart hast. Ja, Vater, so war es wohlgefällig vor Dir.'"* (Lk 10, 21)

Was man selbst für kompliziert hält, das wird man wohl auch kompliziert vertreten. Nur wer bis zu dem Punkt gelangt, dass er den Glauben in seiner monumentalen Einfachheit erfasst, wird auch klar und verständlich über den Glauben reden können. Diese Erfahrung ist übrigens nicht nur Bischöfen, Priestern und Katecheten zu wünschen, sondern jedem, der in irgendeiner Weise im Dienst der Verkündigung steht. In besonderer Weise sind das auch alle Mütter und Väter, die ja die schöne Aufgabe haben, den Glauben von der Wiege an ihren Kindern weiterzugeben. Gerade heutzutage brauchen sie dazu den Geist des Verstandes ganz besonders!

Schätze und Perlen

Das Evangelium spricht von einem Kaufmann, der edle Perlen sucht. Wichtig für diesen Kaufmann ist, dass er die überaus kostbare Perle erstens findet und zweitens ihren Wert auch richtig einschätzt. Wenn er nämlich diese Perle zwar besäße, um ihren Wert aber nicht wüsste, dann könnte es geschehen, dass er sie achtlos verscherbelt.

Und wie steht es da mit dem Glauben? Manch einer hat von klein auf, gleichsam mit der Muttermilch, das hohe Gut des Glaubens eingesogen, und obwohl katholisch geboren, ist mancher Gewohnheitskatholik gar niemals zu einer wirklich persönlichen Erkenntnis seines Schatzes gelangt. Haben nicht viele den Glauben genau aus diesem Grund später verloren? - Bei anderen aber erwacht irgendwann einmal ein tiefes Interesse. Sie beginnen den Glauben zu studieren und stellen voll Freude fest, dass es sich lohnt, für diesen Schatz alles andere hinzugeben. Mancher schon hat um des Glaubens willen auf reiche Erbschaften, auf Königskronen und selbst auf sein Leben verzichtet, so wie es geschrieben steht: *„Das Himmelreich gleicht einem Kaufmann, der edle Perlen sucht. Als er eine kostbare Perle fand, ging er hin, verkaufte alles, was er hatte, und kaufte sie."* (Mt 13, 45 f.)

Da stellt sich die Frage: Was ist dir dein Glaube wert? Gehst du nur so lange mit, wie es kein Opfer kostet, oder hast du jene Perle, für die sich jedes Opfer lohnt, bereits für dich entdeckt?

Wirkungen

Jesus spricht von der Gabe des Verstandes, wo er sagt: *"Der Beistand, der Heilige Geist, den der Vater senden wird in meinem Namen, er wird euch alles lehren und euch an alles erinnern, was ich euch gesagt habe."* (Joh 14, 26) Und etwas später: *"Noch vieles habe ich euch zu sagen, doch ihr könnt es jetzt nicht tragen; wenn aber jener kommt, der Geist der Wahrheit, wird er euch hinführen zur vollen Wahrheit."* (Joh 16, 12 f.) - Genau das tut der Heilige Geist durch die Gabe des Verstandes, sowohl für die Kirche als Ganze als auch für jeden einzelnen Gläubigen.

• Ein schönes Beispiel, wie der Heilige Geist zu tiefer Glaubenserkenntnis erleuchtet, ist Elisabeth, die Frau des Zacharias und Mutter Johannes des Täufers (vgl. Lk 1, 5). Die Erklärung für die ihr zuteil gewordene Erleuchtung lautet: *"Elisabeth wurde erfüllt vom Heiligen Geist."* (Lk 1, 41) Und sie tat sich kund in den Worten: *"Du bist gebenedeit unter den Frauen und gebenedeit ist die Frucht deines Leibes! Woher geschieht mir dies, dass die Mutter meines Herrn zu mir kommt?"* (Lk 1, 42 f.)

• Als der greise Simeon in den Tempel trat, nachdem dort Maria zur Darstellung des Herrn erschienen war; wer hat ihn da herbeigeführt? Wir lesen gleich dreifach: *"Der Heilige Geist war in ihm. Und es war ihm vom Heiligen Geist geoffenbart worden, er werde den Tod nicht* schauen, bevor er den Gesalbten des Herrn geschaut habe. Er kam auf Antrieb des Geistes in den Tempel." (Lk 2, 24-27) Als Sehender, mit vom Heiligen Geist erleuchtetem Herzen, sprach Simeon die Worte: „Nun entlässt Du, Herr, Deinen Knecht nach Deinem Wort im Frieden, denn meine Augen haben Dein Heil gesehen, das Du bereitet hast vor dem Angesicht aller Völker, ein Licht zur Erleuchtung der Heiden und zur Verherrlichung Deines Volkes Israel!" (Lk 2, 29-32) - Das ist die Gnade des Glaubens, die Gabe des Verstandes!

Mit der gleichen Klarheit, mit welcher der greise Simeon den in der Gestalt eines kleinen Kindes verborgenen Herrn erkannt hat, erkennen auch wir IHN, verborgen in der Brotsgestalt, im Sakrament des Altares, in der heiligen Kommunion!

Adleraugen

Dem Adler schreibt man ein höheres Sehvermögen zu, denn früher dachte man, er könne direkt in die Sonne schauen. Würden wir das versuchen, so müssten wir jedenfalls erblinden. Von daher kommt die bildhafte Vorstellung, dass wir im Glauben durch die Gabe des Verstandes gleichsam *Adleraugen* bekommen. Unsere natürliche Sehkraft wird auf eine Weise erhöht, dass wir gewissermaßen in die göttliche Sonne schauen können.

175

Darüber sagt der hl. Johannes vom Kreuz: *„Es ist wie mit dem Sonnenlicht. Vor diesem verschwinden alle anderen Lichter, so dass man kein Licht mehr gewahrt, sobald die Sonne scheint. Ja, sie überwältigt sogar unser Sehvermögen derart, dass sie das Auge blendet ..., weil eben das Licht der Sonne in keinem Verhältnis zu unserem Sehvermögen steht, sondern es weit übertrifft. So überragt und überwältigt auch das Licht des Glaubens infolge seiner übergroßen Stärke das Licht unseres Verstandes, welch letzteres ja an und für sich nur für natürliche Erkenntnis geschaffen ist. Gleichwohl aber ist es auch für das Übernatürliche aufnahmefähig, dann nämlich, wenn Gott es zu übernatürlicher Tätigkeit erheben will."* *(Aufstieg zum Berge Karmel 2, 2)*

Das bedeutet: Unser Verstand ist *von Natur aus* dazu befähigt, von Gott durch die Gnade des Glaubens übernatürlich erhöht zu werden, um dann auch Wahrheiten zu erkennen, welche die natürliche Vernunft übersteigen.

Verstand und Liebe

Die Gabe des Verstandes leitet schon hinüber zur Gabe der Weisheit, denn je klarer man das Schöne, Wahre und Gute erkennt, desto tiefer wird die Liebe. Umgekehrt gilt, dass oberflächliche Kenntnis auch die Liebe nicht allzu sehr vertieft. Die Liebe aber sucht *Erkenntnis von innen* (*intellegere*).

Liebe zur Kirche

Es gibt viele, die den katholischen Glauben wohl sehen, ihn aber nicht kennen, weil ihnen das eigentliche *intellegere* fehlt. Was man nämlich nur von außen sieht, das kennt man nicht wirklich.

Warst du schon einmal in einer gotischen Kathedrale, beispielsweise in der von Chartres mit ihren weltberühmten Fenstern? Stelle dir nun vor, jemand steht vor dieser Kathedrale, begnügt sich aber damit, die Fenster von außen zu betrachten. Was wird er sehen? Nichts wird er sehen - jedenfalls nichts von ihrer Schönheit. Vermutlich wird er sich ungläubig am Kopf kratzen und enttäuscht sagen: *Das* sollen die berühmten Fenster von Chartres sein? - Von außen kann man nämlich gar nicht sehen, wie schön sie sind. Er müsste halt einen Schritt hinein machen, in die Kathedrale, denn nur von innen her erschließt sich die Schönheit ihrer Fenster.

Ganz ähnlich ergeht es vielen im Glauben. Ein paar Brocken ‚Religion‘ haben sie in der Schule oder in den Medien aufgeschnappt. Sie meinen, sich auszukennen, wehren sich aber entschieden, auch nur einen Schritt hinein zu tun. Von außen aber können sie gar nicht sehen, wie schön der katholische Glaube ist.

Lieber Leser: Mache einen Schritt nach innen! Gehst du auch nur ein klein wenig hinein, so wirst du staunen. Erlaubst du aber dem Heiligen Geist, dass er dich ganz hereinholt, nämlich durch die Gabe des *intellectus*, so wirst du gewiss die Kirche lieben.

Glaubenszeugnis

Im eigentlichen Sinn müssen wir nicht andere *über*-zeugen. Vielmehr gilt es zu *be*zeugen, wie schön es ist, Jesus zu kennen, und wie gut, als Kind der katholischen Kirche in der Wahrheit des Evangeliums und aus der Kraft der Sakramente zu leben und zu sterben.

- Möchtest du vor deinen Kollegen peinlich-verschämt sagen: *„Sorry! Ich bin halt katholisch geboren. Dafür kann ich leider nichts."*

- Oder gehörst du zu denen, die freudig bekennen: *„Jawohl, ich bin katholisch, denn ich habe die Schönheit und Wahrheit des katholischen Glaubens für mich entdeckt!"*

Als einst Nathanael sprach: *„Kann denn aus Nazareth etwas Gutes kommen?"* antwortete ihm Philippus schlicht und einfach: *„Komm und sieh!"* Als dann Jesus ihm begegnete, sprach er: *„Seht, ein wahrer Israelit, an dem kein Falsch ist!"*, worauf Nathanael verwundert fragte: *„Woher kennst Du mich?"* (vgl. Joh 1, 45-51) - Jesus wollte ihm sagen: Du kennst *mich* noch nicht, aber ich kenne *dich*! Wenn du mich kennenlernst, dann wirst du staunen, was aus Nazareth Gutes kommt!

Wäre es nicht wunderbar, wenn über dem Leben eines jeden Katholiken ein ähnliches Leuchten läge wie damals auf dem Angesicht des Moses, nachdem er Gott auf dem Berg Sinai begegnet war (vgl. Ex 34, 29 ff.)? - Das wäre ein Zeugnis!

Gebet um die Gabe des Verstandes

Im längsten der 150 Psalmen stehen schöne Anrufungen, die sich bestens dazu eignen, zum ganz persönlichen Gebet um die Gabe des Verstandes und das Licht des Glaubens zu werden:

„Da mihi intellectum, et scrutabor legem tuam;
et custodiam illam in toto corde meo.
Da mihi intellectum, et discam mandata tua ...
Da mihi intellectum, ut sciam testimonia tua ...
Intellectum da mihi, et vivam!

Gib mir Einsicht, und ich will suchen Dein Gesetz
und es mit meinem ganzen Herzen bewahren.
Gib mir Einsicht, dass ich lerne Deine Gebote!
Gib mir Einsicht, damit ich Deine Zeugnisse erkenne.
Gib mir Einsicht, und ich werde leben!"
(Ps 118, 34.73.125.144 Vulg.)

7. WEISHEIT

Ruhm der Weisheit

Die Weisheit ist die höchste der sieben Gaben des Heiligen Geistes. Sie umfasst alle übrigen, denn ohne *Gottesfurcht, Frömmigkeit, Wissenschaft, Stärke, Rat* und *Verstand* wäre *Weisheit* gar nicht denkbar.

Schon das Alte Testament kündet ihren Ruhm: *„Es wohnt ihr ein Geist inne: denkend, heilig, einzigartig, vielfältig, fein, beweglich, durchdringend, unbefleckt, klar, unverletzlich, das Gute liebend, scharf, unhemmbar, wohltätig, menschenfreundlich, sicher, fest, arglos, alles vermögend, alles beobachtend und alle Geister durchdringend. ... Denn beweglicher als alle Bewegung ist die Weisheit; sie geht hindurch und durchdringt alles vermöge ihrer Reinheit. Sie ist ja ein Hauch der Kraft Gottes und ein lichter Ausfluss der Herrlichkeit des Allherrschers; deshalb dringt nichts Beflecktes in sie ein. Denn sie ist ein Abglanz ewigen Lichtes, ein ungetrübter Spiegel des göttlichen Wirkens und ein Abbild seiner Vollkommenheit. ... Von Geschlecht zu Geschlecht geht sie in lautere Seelen ein und rüstet Gottesfreunde und Propheten aus. Denn Gott liebt nichts außer dem Menschen, der mit der Weisheit zusammenwohnt. Diese nämlich ist herrlicher als die Sonne und als jegliche Stellung der Gestirne. Verglichen mit dem Tageslicht, muss man ihr den Vorzug geben; denn auf dieses folgt die Nacht, über die Weisheit aber siegt keine Schlechtigkeit."* (Weish 7, 22-30)

Salz der Weisheit

Der lateinische Begriff für Weisheit ist *sapientia.* Interessanterweise ist dieses Wort abgeleitet von *sapere,* was *schmecken* oder *verkosten* bedeutet.

Tatsächlich geht die Weisheit einher mit einem geistigen *Verkosten* des Göttlichen, weshalb nicht umsonst ihr Symbol das *Salz* ist.

Im Neuen Testament begegnet uns das Salz im Zusammenhang mit *Feuer* und *Geist.*

- In der Bergpredigt sagt Jesus: *„Ihr seid das Salz der Erde. Wenn das Salz schal geworden ist, womit soll man es salzen?" (Mt 5, 13)*

- Und dann gibt es jene geheimnisvolle Stelle, wo Jesus sagt: *„Jeder wird mit Feuer gesalzen werden. Gut ist das Salz; wenn aber das Salz salzlos wird, womit werdet ihr es würzen? Habt Salz in euch und haltet Frieden untereinander!" (Mk 9, 49 f.)* - Dabei denken wir daran, dass Johannes der Täufer von Christus gesagt hat, er werde taufen *„im Heiligen Geist und mit Feuer" (Mt 3, 11).*

- Schließlich erwähnt der hl. Apostel Paulus sowohl die Weisheit als auch das Salz, wo er sagt: *„In sapientia ambulate! ... - Seid weise im Umgang mit denen, die draußen sind! Nützt sorgsam die gegebene Zeit! Euer Wort sei allezeit freundlich, mit Salz gewürzt, damit ihr wisst, wie ihr jedem zu antworten habt." (Kol 4, 5 f.)*

In diesem Zusammenhang erscheint es als wunderbar passend und äußerst sinnvoll, dass im überlieferten Ritus der Taufe das *Salz* als Symbol der Weisheit sogar liturgische Verwendung findet. Bevor nämlich der Täufling in die Kirche hineingeführt wird, gibt ihm der Priester einige Körnlein geweihten Salzes auf die Lippen, wozu er spricht: *„Empfange das Salz der Weisheit. Gott schenke dir sein Wohlgefallen und führe dich zum ewigen Leben!"*

Die oben zitierten Verse enthalten die ernste Mahnung, das Salz nicht zu entsalzen. Das christliche Leben kann nämlich nur so lange erfüllend und nach außen überzeugend sein, wie wir tatsächlich im Heiligen Geist leben und wandeln (vgl. Gal 5, 25).

Vollendung der Liebe

Die beiden höheren Seelenkräfte im Menschen sind *Vernunft* und *Wille*. Sie sind es, die uns Gott ähnlich machen (vgl. Gen 1, 27) und uns befähigen zu *lieben*. Als den ihr eigenen Gegenstand (*obiectum proprium*) sucht die Vernunft die *Wahrheit* (*verum*), der Wille aber das *Gute* (*bonum*).

- Durch die Gabe des *Verstandes* unterstützt der Heilige Geist diese Suche und erhebt die *Vernunft* zu Gott als der *ewigen Wahrheit*.

- Durch die Gabe der *Weisheit* vereinigt er den *Willen* mit Gott als dem *höchsten Gut*.

Auf die Frage eines Schriftgelehrten nach dem ersten und größten Gebot hat Jesus geantwortet: *„Höre, Israel! Der Herr, unser Gott, ist der einzige Herr. Du sollst den Herrn, deinen Gott, lieben aus deinem ganzen Herzen, aus deiner ganzen Seele, aus deinem ganzen Gemüte und aus deiner ganzen Kraft. Das ist das erste Gebot. Das zweite ist dieses: Du sollst deinen Nächsten lieben wie dich selbst. Größer als diese ist kein anderes Gebot."* (Mk 12, 29-31) - Wenn wir dieses große Liebesgebot nur schon hören, müssen wir demütig eingestehen, dass wir aus uns selbst zu solch vollkommener Gottes- und Nächstenliebe gar nicht fähig sind. Allzu schnell stoßen wir an unsere Grenzen, denn es besteht kein Zweifel, dass dem unendlich liebenswerten Gott auch unendliche Liebe gebührt. Unsere Liebe bleibt aber immer endlich. Sie ist natürliche Liebe und sollte doch die Natur weit übersteigen!

Darum verhält es sich mit der *Liebe* ganz ähnlich wie mit dem *Glauben*: Wir sind auf Hilfe von oben angewiesen! Gott aber gibt allen, die ihn aufnehmen, die Befähigung, nicht nur Kinder Gottes zu *werden* (vgl. Joh 1, 12), sondern auch *als* Kinder Gottes in der Kraft des Heiligen Geistes vollkommen zu *glauben*, zu *hoffen* und zu *lieben*!

Wer aber Gott in allem und über alles liebt, wird nach dem Vorbild der göttlichen Schöpfer- und Erlöserliebe auch seinen Nächsten und insbesondere die *Aller*nächsten vorbehaltlos und grenzenlos lieben.

Imitatio Christi

Wie die Gabe des *Verstandes* jene von *Wissenschaft* und *Rat* überragt, so reicht auch die Gabe der *Weisheit* weit über die der *Frömmigkeit* hinaus, denn in der Weisheit vollenden sich die beiden Hauptwirkungen der Liebe, die *Vereinigung* und die *Verähnlichung* des Menschen mit Gott. Sie bindet uns im höchsten Teil unserer Seele an unser höchstes Gut, macht unser Herz weit, lässt uns schon auf Erden *gottförmig* leben und erfüllt uns mit Sehnsucht nach der vollkommenen Vereinigung mit Gott im Himmel.

Die *Nachfolge Christi*, zu der Gott uns ruft, trägt im Lateinischen die schöne Bezeichnung *imitatio Christi*. Während das deutsche Wort *Nachfolge* eher nach äußerlichem *Hinterherlaufen* klingt, geht die *imitatio* viel tiefer. Sie besagt ein *Nachahmen* und eine *innere Umgestaltung* zur *Ähnlichkeit mit Christus*.

Lass dich darauf ein, und du wirst die Güte Gottes nicht nur *erkennen*, sondern sie regelrecht auch *schmecken*, gemäß dem Psalmwort: *„Kostet und seht, wie gut der Herr ist!" (Ps 34, 9)*

Kontrast zur Welt

Wer aber den Geschmack an Gott gefunden hat, für den werden die irdischen Genüsse fad. Diese Erfahrung bezeugt der hl. Apostel Paulus, dem es ganz ähnlich erging wie dem Perlensucher im Evangelium (vgl. Mt 13, 46), denn er schreibt: *„Was mir als Vor-*

teil galt, das habe ich um Christi willen für Unwert erachtet. Ja, ich erachtete auch wirklich alles für Unwert angesichts der alles übertreffenden Erkenntnis Christi Jesu, meines Herrn; um seinetwillen gab ich alles auf und betrachtete es als Unrat, um Christus zu gewinnen und in ihm mich zu finden." (Phil 3, 7-9)

Und wie steht es bei dir? Gibt es nicht manches, was weltlicherseits als absolut unverzichtbares *Must-have* angepriesen wird? In Wirklichkeit aber sind all die vielen subtilen Heilsverheißungen, die uns täglich in der Werbung umschwirren und uns regelrecht unter die Nase gerieben werden, gar nicht erfüllbar, und für den, der die wahren Güter verkostet, verlieren sie ihren Reiz. - Musst du um Christi willen auf manches im Leben verzichten? Sei gewiss: Was er dir gibt, ist weit besser als das, was er dir abverlangt!

Davon zeugt Salomon im Buch der Weisheit, wo er sagt: *„Ich betete, und es ward mir Einsicht gegeben, ich flehte, da kam mir der Geist der Weisheit. Ich zog sie Zeptern und Kronen vor und achtete Reichtum für nichts im Vergleich mit ihr, noch stellte ich unschätzbare Edelsteine ihr gleich. Denn alles Gold ist vor ihr wie ein wenig Sand, und wie Kot ist Silber zu erachten im Vergleich mit ihr. Mehr als Gesundheit und schöne Gestalt liebte ich sie und wollte lieber sie besitzen als das Tageslicht; denn unauslöschlich ist der Glanz, der von ihr ausgeht. Doch kamen zu mir alle Güter zugleich mit ihr, und unzählbarer Reichtum lag in ihren Händen." (Weish 7, 7-11)*

Der hl. Apostel Jakobus rühmt die Weisheit und preist ihre köstlichen Früchte: *„Die Weisheit von oben aber ist zuallererst lauter, dann friedsam, gütig, nachgiebig, dem Guten hold, voll Erbarmen und guter Früchte, nicht zwiespältig, nicht heuchlerisch."* (Jak 3, 17)

Mysterium des Kreuzes

Die göttliche Weisheit steht in jähem Kontrast zur Weisheit dieser Welt. Gleich wie Jesus ist sie groß im Kleinsein, stark in Schwachheit, reich in Armut und herrlich im Verborgenen.

Auf Erden steht die Weisheit stets im Zeichen des Kreuzes, wie der hl. Apostel Paulus sagt: *„Hat Gott die Weisheit <u>dieser Welt</u> nicht zur Torheit gemacht? Denn da die Welt mit ihrer Weisheit Gott in seiner Weisheit nicht erkannte, gefiel es Gott, durch die Torheit der Heilsbotschaft die zu retten, die glauben. Denn die Juden fordern Zeichen, und die Hellenen suchen Weisheit; wir aber verkünden einen gekreuzigten Christus, den Juden ein Ärgernis und den Heiden eine Torheit, den Berufenen aber, Juden wie Hellenen, Christus als Gottes Kraft und Gottes Weisheit. Denn das Törichte an Gott ist weiser als die Menschen, und das Schwache an Gott ist stärker als die Menschen."* (1 Kor 1, 20-25)

Erwerb und Pflege

Das *erste* Mittel, die Weisheit zu erlangen, ist die *Sehnsucht* nach ihr. Sie ist nämlich ein so überaus kostbares Gut, dass wir alles aufbieten müssen, ihrer in immer höherem Maße teilhaft zu werden.

Zweitens muss man sie von Gott *erbitten*, wie der hl. Apostel Jakobus sagt: *„Mangelt es aber jemand von euch an Weisheit, der bete zu Gott, der allen ohne weiteres und ohne Widerrede gibt, und sie wird ihm gegeben werden."* (Jak 1, 5) Deshalb dürfen wir mit dem weisen Salomon beten: *„O gib mir die Weisheit, Deine Throngenossin, und schließe mich aus der Zahl Deiner Kinder nicht aus! Denn Dein Knecht bin ich, der Sohn Deiner Magd, ein schwacher und kurzlebiger Mensch, zu gering an Einsicht für Recht und Gesetz. Denn selbst wenn einer vollkommen wäre unter den Menschenkindern, so wird er doch, wenn von Dir her die Weisheit fehlt, für nichts geachtet. ... Bei Dir ist die Weisheit, die Deine Werke kennt und dabei war, als Du die Welt erschufst, und weiß, was wohlgefällig ist in Deinen Augen und was recht ist nach Deinen Geboten. Sende sie aus dem heiligen Himmel, und vom Thron Deiner Herrlichkeit schicke sie, damit sie die Aufgabe übernehme, mir beizustehen, und ich erkenne, was Dir wohlgefällig ist!"* (Weish 9, 4-10)

Drittens muss man wissen, dass besonders förderlich und notwendig zur Erlangung der Weisheit die *Reinheit des Herzens* ist, denn nur die reinen Herzens sind, werden Gott schauen (vgl. Mt 5, 8).

Der hl. Apostel Paulus erbittet den Ephesern den *„Geist der Weisheit und Offenbarung",* indem er sagt: *„Er erleuchte die Augen eures Herzens, damit ihr begreift, zu welcher Hoffnung ihr berufen seid und wie reich sein herrliches Erbe unter den Heiligen ist, wie überwältigend groß seine Macht sich an uns, den Gläubigen, erweist durch das Wirken seiner Kraft und Stärke."* (Eph 1, 17-19)

DIE FRÜCHTE DES HEILIGEN GEISTES

Kennzeichen der Jünger Christi

In seinen Abschiedsreden hat Jesus gesagt: *„Dadurch ist verherrlicht mein Vater, dass ihr viele Frucht bringt und euch als meine Jünger erweist."* (Joh 15, 8)

Diese *Früchte* sind also nicht nur Zeichen, an denen man uns als Jünger Christi erkennen soll. Vielmehr sind gerade sie es, durch die wir den himmlischen Vater verherrlichen. Sie gereichen zur Ehre Gottes und dienen zugleich zum Zeugnis für die Menschen.

Damit wir uns aber nicht mit einigen spärlichen Früchtchen zufriedengeben, spricht Jesus ausdrücklich von *vielen Früchten* und weist mahnend darauf hin, dass von jedem, dem viel gegeben wurde, umso mehr gefordert werden wird (vgl. Lk 12, 48).

So sagt der hl. Augustinus: *„Wer schlecht lebt und sich Christ nennt, tut Christus Schmach an. Von solchen heißt es ja, dass durch sie der Name des Herrn gelästert wird. Wenn aber der Name Gottes durch solche gelästert wird, so wird durch die Guten der Name des Herrn verherrlicht."* (In Ioann. 50, 9)

Wer also viele gute Früchte bringt, gibt anderen eine starke Veranlassung, den Namen des himmlischen Vaters zu loben. Deshalb ist es für einen wahren Christen ganz unmöglich, sich der Selbstheiligung zu verweigern.

Früchte des Geistes und Werke des Fleisches

Es gibt gute Werke, die Menschen aus eigener Kraft vollbringen, und andere, welche die natürlichen Kräfte übersteigen. Als *Frucht des Heiligen Geistes* bezeichnet man eine Art zu handeln, die aus dem Menschen gemäß einer *höheren Kraft* hervorgeht und die letztlich im *Wirken des Heiligen Geistes* begründet ist.

Der hl. Apostel Paulus stellt die *Frucht des Geistes* in jähen Kontrast zu dem, was er die *Werke des Fleisches* nennt, denn er sagt: *„Brüder! Wandelt im Geist, dann werdet ihr die Gelüste des Fleisches nicht erfüllen. Das Fleisch begehrt nämlich wider den Geist, der Geist aber wider das Fleisch, denn sie sind einander entgegen, so dass ihr nicht tun dürft, was immer ihr gerade wollt. Wenn ihr euch vom Geist leiten lasst, seid ihr nicht unter dem Gesetz. Offenkundig sind aber die Werke des Fleisches, welche sind: Unzucht, Unreinheit, Schamlosigkeit, Ausschweifung, Abgötterei, Zauberei, Feindschaft, Zank, Eifersucht, Zorn, Hader, Zwietracht, Spaltungen, Mord, Trunkenheit, Völlerei und dergleichen. Davon sage ich euch voraus, wie ich es schon früher gesagt habe: Die solches treiben, werden das Reich Gottes nicht erlangen. - Die Frucht des Geistes aber ist: Liebe, Freude, Friede, Geduld, Milde, Güte, Langmut, Sanftmut, Treue, Bescheidenheit, Enthaltsamkeit, Keuschheit. Gegen dergleichen ist kein Gesetz. Die aber Christus angehören, haben ihr Fleisch gekreuzigt, samt seinen Lastern und Begierlichkeiten."* (Gal 5, 16-24 Vulg.)

Ordnung der zwölf Früchte

Der hl. Thomas von Aquin erklärt die Ordnung der zwölf Früchte des Heiligen Geistes, indem er sie in drei Gruppen einteilt (vgl. I-II,70,3).

Bei der *ersten* Gruppe von Früchten wirkt der Heilige Geist *in uns selbst*.

1. Liebe   *caritas*

   Der Heilige Geist ist die Liebe, und er bringt als erste Frucht die Liebe hervor.

2. Freude   *gaudium*

   Die Liebe sucht die Nähe des Geliebten, und der bewusste Wandel in der Gegenwart Gottes erfüllt das Herz mit wahrer Freude.

3. Friede   *pax*

   Innig mit Gott verbunden, ruht das Herz in seiner heiligen Ordnung und findet darin tiefen Frieden.

4. Geduld   *patientia*

   Selbst drohende Übel können den Liebenden nicht aus der Ruhe bringen, denn die Liebe macht bereit zum Opfer.

5. Langmut   *longanimitas*

   Die Liebe gibt Kraft zum Entbehren und Ausdauer in den Prüfungen des Lebens, denn sie lebt in Erwartung der ewigen Güter.

Bei der *zweiten* Gruppe wirkt der Heilige Geist *im Hinblick auf die Mitmenschen.*

6. Güte   *bonitas*

    Er weckt die Freude, Gutes zu tun.

7. Milde   *benignitas*

    Er erfüllt die Art und Weise der Ausführung guter Werke mit einer gewissen Wärme.

8. Sanftmut   *mansuetudo*

    Er schenkt Gleichmut, einander zu ertragen und den Zorn zu beherrschen.

9. Treue   *fides*

    Er macht fest, beständig und verlässlich.

Bei der *dritten* Gruppe wirkt der Heilige Geist *im Hinblick auf das, was unter uns ist.*

10. Mäßigkeit   *modestia*

    Er lässt in Worten und Werken Maß halten.

11. Enthaltsamkeit   *continentia*

    Er lässt erlaubte Güter maßvoll gebrauchen und gibt die Kraft, gegebenenfalls auch auf sie zu verzichten.

12. Keuschheit   *castitas*

    Er lässt Unerlaubtes, Unehrenhaftes und was der Reinheit zuwider ist entschieden meiden, um an Leib und Seele vor Gott in Ordnung zu sein.

Wie ein Baum am Wasser

Ein in der Kraft des Heiligen Geistes lebender Mensch trägt gute Früchte, gleich einem an strömendem Wasser gepflanzten Baum.

Dabei denken wir an die Worte der Heiligen Schrift: *„Gesegnet der Mann, der auf den Herrn vertraut und dessen Zuflucht der Herr ist! Er ist wie ein Baum, der am Wasser gepflanzt ist, der nach dem Bach hin seine Wurzeln ausstreckt. Er muss nicht fürchten, wenn die Hitze kommt; sein Laub bleibt grün; auch in dürren Jahren wird ihm nicht bang, und unaufhörlich trägt er Frucht."* (Jer 17, 7 f.; vgl. Ps 1, 3)

Von dem Fluss aber, den - in vorbildhafter Andeutung der Seitenwunde Christi - der Prophet Ezechiel seitlich des Jerusalemer Tempels hervorquellen sah, heißt es: *„An den Ufern des Flusses wachsen auf beiden Seiten allerlei fruchttragende Bäume, deren Laub nie welkt und deren Frucht nie ausgeht. In jedem Monat tragen sie frische Frucht; denn das Wasser, das sie tränkt, geht vom Heiligtum aus. Ihre Früchte dienen zur Nahrung und ihre Blätter zu Heilzwecken."* (Ez 47, 12)

Lieber Leser: Ich wünsche dir von Herzen, dass auch du kraft deiner Tauf- und Firmgnade solch einem wunderbar fruchtbaren Baum gleichst!

KLEINER FIRMKATECHISMUS

Ein offenes Wort

Die heilige Firmung ist grundlegend für unser Christsein, und sie gehört zu jenen Sakramenten, die man nur einmal im Leben empfängt. Leider ist sie in der heutigen Praxis mit einer gewissen Peinlichkeit behaftet, weil viele der Firmkandidaten dem sakramentalen Leben so ziemlich entfremdet sind.

Ideal wäre es, wenn junge Menschen - nach der häuslichen Grundeinführung durch die Eltern - in einer sorgfältigen Erstbeicht- und Erstkommunionvorbereitung und schließlich durch gute kirchliche Familien- und Jugendarbeit organisch in die katholische Glaubenswelt hineinwachsen würden. Die Firmvorbereitung könnte dann den Blick der Jugend für die Wahrheit und Schönheit des katholischen Glaubens noch einmal schärfen, ihre Gottesbeziehung vertiefen und sie im persönlichen Entschluss zu einem wahrhaft christlichen Leben bestärken.

Das religiöse Grundwissen ist kompakt in unserem Büchlein ‚Kleiner Katechismus des katholischen Glaubens' (siehe Hinweis hinten) enthalten. Im folgenden ‚Firmkatechismus' sind darüber hinaus wesentliche Punkte des vorhergehenden Inhalts nochmals kurz zusammengefasst. Außerdem ist ein wünschenswertes Grundwissen rund um das Sakrament der Firmung definiert. Möge es zum Segen gereichen!

1. Wozu hat Gott uns Menschen erschaffen?

Gott hat uns Menschen erschaffen, damit wir ihn *erkennen*, ihn *lieben* und ihm *dienen* und nach dem Leben auf dieser Erde zur ewigen Glückseligkeit im Himmel gelangen.

„Kommt, lasst uns niederfallen und uns neigen, die Knie beugen vor dem Herrn, der uns erschuf, denn er ist unser Gott!" (Ps 95, 6 f.)

Gott hat die Sehnsucht nach Glück tief in unser Herz gelegt, und er will, dass wir uns für IHN entscheiden.

Du bist geschaffen für die Ewigkeit:

‣ ob du daran *glaubst* oder nicht,
‣ ob du daran *denkst* oder nicht,
‣ ob du danach *lebst* oder nicht.

Du hast aber die Wahl zwischen zwei Ewigkeiten:

‣ Die *eine* ist eine Ewigkeit in Gott, voll Licht und Liebe und Seligkeit. Sie ist schöner, als ein Mensch es sich je denken kann. Das ist der *Himmel*.
‣ Die *andere* ist eine Ewigkeit ohne Gott und ohne Liebe, voll Finsternis und Qual. Das ist die *Hölle*.

In welche dieser Ewigkeiten du einst eingehen wirst, liegt in deiner Hand. Es wird ganz und gar davon abhängen, wie du deine Freiheit gebrauchst.

2. Warum fällt es vielen so schwer, sich für Gott zu entscheiden?

‣ Bei manchen ist es *Unwissenheit*: Sie haben nie von Gott und seiner Liebe gehört, und sie würden anders leben, wenn sie es nur besser wüssten. Ihnen wird Gott gnädig sein.

‣ Bei anderen ist es *Oberflächlichkeit* und *Trägheit*: Sie könnten es wissen, wenn sie nur wollten, doch denken sie nur an den Augenblick und leben leichtsinnig dahin. Sie befinden sich in großer Gefahr, denn sie taumeln einem Abgrund entgegen.

‣ Bei vielen ist es *Schuld*: Sie wissen wohl, was richtig ist, aber sie betäuben ihr Gewissen, verstricken sich in Sünden, verweigern sich dem Ruf zur Umkehr, scheuen die Buße und gehen auf dem breiten Weg in ihr ewiges Verderben.

„Täuscht euch nicht, Gott lässt seiner nicht spotten. Was einer sät, das wird er auch ernten. Wer auf sein Fleisch sät, wird vom Fleisch Verderben ernten. Wer auf den Geist sät, wird vom Geist ewiges Leben ernten." (Gal 6, 7 f.)

3. Warum lässt Gott uns die Freiheit?

Gott lässt uns die Freiheit, weil er uns *aus* Liebe und *für* die Liebe erschaffen hat.

Er will, dass wir uns frei für IHN entscheiden, denn in die Gemeinschaft seiner Liebe kann man nur freiwillig gelangen. Ohne Freiheit gibt es keine Liebe.

Deshalb öffnen wir unsere Ohren und unsere Herzen für Gott, hören auf sein Evangelium und bemühen uns, auf Gottes Wegen zu wandeln.

An Gott *glauben* wir, auf ihn *hoffen* wir und ihn *lieben* wir von ganzem Herzen!

4. Auf welchen Überzeugungen gründet das christliche Leben?

‣ Ich bin nicht aus mir selbst. Gott ist mein *Ursprung*!

‣ Ich gehöre nicht mir selbst. Gott ist mein *Herr*!

‣ Ich lebe nicht für mich selbst. Gott ist mein *Ziel*!

Was auf einem schlechten Fundament gebaut ist, steht früher oder später schief. Was auf einem guten Fundament steht, hat Bestand und braucht keinen Sturm zu fürchten. - Das gilt auch für unser Leben!

„Jeder, der meine Worte hört und sie tut, gleicht einem klugen Mann, der sein Haus auf Felsen baut. Es fiel der Platzregen, es kamen Wasserbäche, es brausten die Winde und stießen an jenes Haus, aber es fiel nicht zusammen, denn auf Felsengrund war es gebaut ..." (Mt 7, 24-27)

5. Wie ist das Glück, für das wir erschaffen sind?

Das Glück, für das wir erschaffen sind, ist vollkommen, unendlich und unverlierbar.

Niemand kann seine Glückseligkeit selber machen. Wir finden das Glück nur in Gott.

6. Was ist die Gnade?

Die Gnade ist eine innere, übernatürliche Gabe von Gott, durch die er uns befähigt, die ewige Glückseligkeit zu erlangen.

Wie es ohne Wasser kein Leben gibt, so gibt es ohne Gnade kein Heil. Die Gnade ist uns *heilsnotwendig*.

„Ich bin der Weinstock, ihr seid die Reben. Wer in mir bleibt und ich in ihm, der bringt viele Frucht, denn getrennt von mir könnt ihr nichts tun." (Joh 15, 5)

Man unterscheidet zwei Arten von Gnade:

‣ Die *heiligmachende Gnade* ist das *übernatürliche Leben der Seele*. Sie macht, dass wir Kinder Gottes *sind*.

‣ Die *helfende Gnade* hilft uns, die heiligmachende Gnade zu *erlangen*, sie zu *bewahren* und als Kinder Gottes christlich zu *leben*.

Wir empfingen die heiligmachende Gnade zuerst in der Taufe. Ihre Symbole sind das weiße Taufkleid und die brennende Taufkerze.

„Seht, welch große Liebe uns der Vater geschenkt hat: Kinder Gottes heißen wir und sind es wirklich." (1 Joh 3, 1)

Gott will, *„dass alle Menschen gerettet werden und zur Erkenntnis der Wahrheit gelangen" (1 Tim 2, 4)*. Deshalb gibt Gott jedem Menschen *genügend* Gnaden, um in den Himmel zu kommen. Wer sich aber der Gnade Gottes *verweigert*, geht ewig verloren.

7. Wem kann die Gnade nützen?

Die Gnade kann nur dem nützen und sich in dem entfalten, der sich für die Gnade *öffnet* und in der Gnade *lebt*. Deshalb müssen wir die Gnade Gottes in uns *aufnehmen* und sie sorgsam *bewahren*.

Kein Sturm kann das Licht der Gnade löschen. Das kann nur die *schwere Sünde*, die auch *Todsünde* heißt, denn wenn das Leben der Gnade durch eine schwere Sünde stirbt, ist die Seele wie tot. Wer ohne Reue im Stand der Todsünde stirbt, kommt in die Hölle.

Wer das Unglück hat, in eine schwere Sünde gefallen zu sein, soll sogleich Reue erwecken und bei nächster Gelegenheit zur heiligen Beichte gehen!

Gott will, dass wir seine Gnade erlangen und darin wachsen, indem wir die *Gnadenmittel* gebrauchen. Die wichtigsten Gnadenmittel sind das *Gebet* und die *Sakramente*.

8. Was sind Sakramente?

Sakramente sind *wirkmächtige Zeichen*, die Jesus eingesetzt hat, um uns durch sie seine Gnade zu geben. Drei Merkmale gehören zu jedem Sakrament: ein *äußeres Zeichen*, eine *innere Gnade* und die *Einsetzung durch Jesus Christus*.

Die Sakramente bringen uns in Berührung mit Jesus. Er rührt uns an, macht uns heil, schenkt uns inneren Frieden und gibt uns die Kraft, gut zu sein. Die Quelle ihrer Kraft ist sein heiligstes Herz!

9. Welches sind die Sakramente?

Die Sakramente, die Jesus eingesetzt hat, sind:

A Sakramente der Eingliederung

① Taufe
② Firmung
③ Eucharistie   (Sakrament des Altares)

Durch sie werden wir mit Christus vereint. Sie geben und vermehren das übernatürliche Leben, die heiligmachende Gnade.

B Sakramente der Heilung

④ Buße   (heilige Beichte)
⑤ Krankensalbung   (letzte Ölung)

Sie tilgen Sünden und haben heilende Kraft.

C Standessakramente

⑥ Priesterweihe
⑦ Ehe

Das Weihesakrament weiht Männer zu geistlichen Vätern und verleiht ihnen priesterliche Vollmacht. Die Ehe heiligt Mann und Frau, einander treu zu sein und gute Väter und Mütter zu werden.

Drei Sakramente prägen der Seele ein *unauslöschliches Merkmal* ein, nämlich die *Taufe*, die *Firmung* und die *Priesterweihe*. Deshalb kann man diese drei nur ein einziges Mal empfangen.

Von der Geburt bis zum Sterbebett begleiten die Sakramente unser ganzes Leben. Sie enthalten alles, was wir brauchen, um christlich zu leben und sicher an unser ewiges Ziel zu gelangen.

Die Sakramente der *Buße* und der heiligen *Eucharistie* hat Gott uns zum häufigeren Empfang gegeben.

‣ In der heiligen *Beichte* bekennen wir unsere Sünden und zeigen Jesus die Wunden unserer Seele, damit er sie anrühre und uns heile.

‣ In der heiligen *Eucharistie* empfangen wir den hochheiligen Leib und das kostbare Blut Jesu und werden so aufs Innigste mit ihm vereint.

Es ist eine große Gnade, in schwerer Krankheit und besonders in der Todesstunde durch die heilige *Krankensalbung* gestärkt zu werden und so für *die* große Begegnung mit Jesus am Tag der Rechenschaft bereit zu sein.

10. Wie müssen wir die Sakramente empfangen?

Wir müssen die Sakramente *würdig* empfangen. Je besser und sorgfältiger man vorbereitet ist, desto gnadenreicher können sie wirken.

‣ Zum würdigen Empfang der *Firmung*, der heiligen *Eucharistie*, der *Priesterweihe* und der *Ehe* muss man im *Stand der heiligmachenden Gnade* sein.

Wer ein Sakrament *unwürdig* empfängt, begeht eine schwere Sünde.

11. Wer ist der Heilige Geist?

Der Heilige Geist ist die *dritte göttliche Person*. Er ist *wahrer Gott* wie der Vater und der Sohn.

Vor seiner Himmelfahrt sprach Jesus zu seinen Jüngern: *„Ich will den Vater bitten, und er wird euch einen anderen Beistand geben, den Geist der Wahrheit. Der Beistand aber, der Heilige Geist, den der Vater senden wird in meinem Namen, er wird euch alles lehren und euch an alles erinnern, was ich euch gesagt habe." (Joh 14, 16.26)*

Wir beten ihn an, bitten ihn um seine Gnadengaben und bemühen uns, an Leib und Seele rein zu sein, damit er wie in einem Tempel in uns wohnen kann.

„Wisst ihr nicht, dass euer Leib ein Tempel des Heiligen Geistes ist, der in euch ist? Ihn habt ihr von Gott, und nicht euch selbst gehört ihr. Denn ihr wurdet erkauft um einen hohen Preis. Verherrlicht also Gott in eurem Leib!" (1 Kor 6, 19 f.)

12. Wie hat der Heilige Geist sich geoffenbart?

Der Heilige Geist hat sich geoffenbart

- bei der Schöpfung: Er schwebte über den Wassern (Gen 1, 2).

- bei der Verkündigung: Er kam auf Maria herab (Lk 1, 35).

- bei der Taufe Jesu: Er erschien in Gestalt einer Taube (Mt 3, 17).

- am Pfingstfest: Er kam in Gestalt feuriger Zungen auf die Apostel herab (Apg 2).

13. Was hat er in den Aposteln gewirkt?

Als der Heilige Geist am Pfingsttag auf die Apostel herabkam, hat er sie *erleuchtet*, *gestärkt* und *geheiligt* und sie so zu ihrem großen Missionsauftrag befähigt.

14. Wie wirkt der Heilige Geist bis heute?

Der Heilige Geist leitet die Kirche in unsichtbarer Weise und steht ihr bei bis ans Ende der Welt.

‣ Er *erleuchtet*, *stärkt* und *heiligt* sie, damit sie niemals von der Wahrheit abweicht.

‣ Er *erleuchtet*, *stärkt* und *heiligt* jeden einzelnen Christen durch seine sieben Gaben.

15. Was bedeutet das Wort Firmung?

Das Wort *Firmung* bedeutet *Stärkung* (vom lateinischen Wort *confirmare = stärken*).

Man darf die *Firmung* nicht verwechseln mit der protestantischen *Konfirmation*, denn diese ist kein Sakrament, sondern eine Art Mündigkeitserklärung!

16. Wer spendet die heilige Firmung?

Ordentliche Spender der Firmung sind die Bischöfe. Sie sind die Nachfolger der Apostel. Als Zeichen ihres Amtes tragen sie den *Hirtenstab*, die *Mitra*, das *Brustkreuz* und den *Ring*.

Nur im Notfall kann auch ein gewöhnlicher Priester firmen.

17. Was sind die äußeren Zeichen der Firmung?

Die äußeren Zeichen der Firmung sind drei, nämlich die *Handauflegung*, die *Besiegelung* mit dem Kreuz und die *Salbung* mit Chrisam.

18. Was bedeutet die Handauflegung?

Die Handauflegung bedeutet eine *Übertragung*.

‣ Die heiligmachende Gnade wird in uns vermehrt, und wir werden noch inniger mit Gott verbunden.

‣ Wir empfangen die Kraft des Heiligen Geistes mit seinen sieben Gaben. Sie stärken uns, den Glauben zu bewahren und ihn mutig zu bekennen.

19. Was bedeutet die Besiegelung mit dem Kreuz?

Die Besiegelung der Stirn mit dem Zeichen des Kreuzes weist darauf hin, dass in die Seele das *unauslöschliche Merkmal eines Streiters Christi* wie ein Siegel eingeprägt wird.

Dieses Siegel ist Zeichen einer ganz besonderen Zugehörigkeit zu Jesus Christus. Es heißt unauslöschlich, weil es für alle Ewigkeit bleibt.

Das Kreuz auf der Stirn mahnt:

‣ Du sollst dich deines Glaubens nicht schämen, und du sollst so leben, dass man dich als Christ erkennt!

„Jeder, der sich zu mir vor den Menschen bekennt, zu dem werde auch ich mich bekennen vor meinem Vater im Himmel." (Mt 10, 32)

20. Was bedeutet die Salbung mit Chrisam?

Die Salbung mit Chrisam bedeutet, dass der Heilige Geist uns erleuchtet, stärkt und heiligt.

Chrisam besteht aus *Olivenöl* und *Balsam*. Er wird jeweils am Gründonnerstag vom Bischof feierlich geweiht.

Olivenöl leuchtet, ist heilsam und macht geschmeidig für den Kampf. Es mahnt:

‣ Du sollst im Licht wandeln und durch die Art, wie du lebst, für andere ein Licht sein!

„So leuchte euer Licht vor den Menschen, damit sie eure guten Werke sehen und euren Vater preisen, der im Himmel ist." (Mt 5, 16)

Einen Kämpfer, der sich mit Öl eingesalbt hat, kann der Gegner nicht packen.

Balsam bewahrt vor Fäulnis und verbreitet Wohlgeruch. Er mahnt:

‣ Du sollst deine schlechten Gewohnheiten bekämpfen und ein tugendhaftes Leben führen!

21. Was bedeutet der Backenstreich?

Der Backenstreich, den der Bischof gleich im Anschluss an die Firmung gibt, bedeutet einen *Ritterschlag*. Er mahnt:

‣ Du sollst bereit sein, für deinen Glauben auch zu dulden und zu leiden!

22. Wer kann gültig gefirmt werden?

Gültig gefirmt werden kann jeder *Getaufte*, der noch nicht gefirmt ist.

Zum Beweis dafür, dass man getauft, aber noch nicht gefirmt ist, legt man vor der Firmung einen aktuellen *Auszug aus dem Taufregister* vor.

Ein Ungetaufter gleicht einer Kerze ohne Docht: Sie kann weder entzündet werden noch kann sie brennen.

23. In welchem Alter sollte man gefirmt werden?

Das Kirchenrecht sagt: *„Die Gläubigen sind verpflichtet, dieses Sakrament rechtzeitig zu empfangen."* (CIC, can 890)

Die Firmung darf also nicht zu weit hinausgeschoben werden.

Weil jeder Mensch, sobald seine Vernunft erwacht, für sein Handeln verantwortlich ist und sich selbst für Gott entscheiden muss, sagt der Katechismus: *„Nach der lateinischen Tradition ist das ‚Unterscheidungsalter' der* <u>gegebene</u> *Zeitpunkt, um die Firmung zu empfangen."* (KKK 1307)

Wenn ein junger Mensch erwachsen wird, führt sein Weg durch die Stürme der Reifezeit. Gerade dann braucht er die Kraft des Heiligen Geistes ganz besonders, damit er *reif* wird und *rein* bleibt und nicht auf schlechte Wege kommt. Es gibt also sehr gute Gründe dafür, vor Beginn der Pubertät zu firmen.

Im Jahr 1897 schrieb Papst Leo XIII. an den Bischof von Marseille: *„In den Seelen der Kinder gibt es Elemente von Begierden, die langsam stärker werden, wenn sie nicht frühestens entfernt werden. ... Deshalb müssen die Gläubigen schon von zartem Alter an mit der Kraft aus der Höhe bekleidet werden, die das Sakrament der Firmung verleiht. ... In ihm wird ... der Heilige Geist zur Stärke im geistlichen Kampf gegeben und der Mensch geistlicherweise zum Vollalter geführt. Ferner werden die so gestärkten jungen Menschen empfänglicher, die Gebote zu erfassen."*

Wenn ein Kleinkind durch Krankheit oder Unfall in Lebensgefahr gerät, sollen die Eltern dafür sorgen, dass es unbedingt gefirmt wird! Im Notfall kann jeder Priester die *Notfirmung* spenden.

24. Wer kann würdig gefirmt werden?

Um die Firmung *würdig* zu empfangen, muss man gut vorbereitet sein. Dazu gehört,

‣ dass man im Stand der heiligmachenden Gnade ist,
‣ dass man den festen Willen hat, als katholischer Christ zu *leben* und zu *sterben*
‣ und dass man den katholischen Glauben gut kennt.

Ist es nicht traurig, wenn junge Leute, die nie zur eigenen Glaubensentscheidung gelangt sind, gleichsam aus der Kirche ‚hinausgefirmt' werden?

Um die Firmung möglichst fruchtbar zu empfangen, sollte man zuvor unbedingt gut beichten.

25. Welche Aufgabe hat der Firmpate?

Einem Firmling soll, soweit möglich, ein Pate zur Seite stehen. Seine Aufgabe ist es, *„dafür zu sorgen, dass der Gefirmte sich wie ein wahrer Zeuge Christi verhält und die Verpflichtungen, die mit diesem Sakrament verbunden sind, getreu erfüllt"* (CIC, can 892).

Man überlege gut, wer für diese Aufgabe geeignet ist. Es soll jemand sein, der Vorbild ist, zu dem man Vertrauen hat, von dem man sich gerne auch etwas sagen lässt und zu dem man gehen kann, wenn einen etwas beschäftigt oder betrübt.

Zur Firmung steht der Pate hinter dem Firmling und legt seine rechte Hand auf dessen rechte Schulter.

26. Welche Bedingungen muss ein Firmpate erfüllen?

Ein Firmpate muss folgende Bedingungen erfüllen:

‣ Er muss das 16. Lebensjahr vollendet haben und darf weder Vater noch Mutter des Firmlings sein.

‣ Er muss selbst katholisch und gefirmt sein.

‣ Er muss ein Leben führen, das dem Glauben und dem zu übernehmenden Dienst entspricht (vgl. CIC, can 874).

Ausnahmen von der Altersgrenze sind aus gerechtem Grund möglich.

Wer aber nicht katholisch lebt und beispielsweise seine Sonntagspflicht nicht erfüllt, kann nicht Firmpate werden.

27. Was sind die Gaben des Heiligen Geistes?

Die Gaben des Heiligen Geistes sind *übernatürliche Anlagen*, die uns befähigen, in der Kraft des Heiligen Geistes zu leben und zu handeln (vgl. KKK 1266) und seinen Eingebungen gern und schnell zu folgen.

Was das bedeutet, veranschaulicht das Bild von einem Ruderboot und einem Segelboot:

‣ Wer rudert, fährt mühsam mit eigener Kraft.
‣ Wer aber segelt, fährt mit der Kraft des Windes. Er kommt *leichter*, *schneller* und *weiter* voran.

Im Bild gesprochen, gleicht der Heilige Geist dem Wind. Die sieben Gaben aber sind wie Segel.

‣ Mast und Segel sind *natürliche Anlagen*, an denen die Kraft des Windes sich entfaltet.
‣ Die sieben Gaben sind *übernatürliche Anlagen*, an denen die Kraft des Heiligen Geistes sich entfaltet.

Wer in der Kraft des Heiligen Geistes lebt, kommt *leichter*, *schneller* und *weiter* voran, als wer nur aus eigener Kraft die Tugenden übt.

Wir brauchen die sieben Gaben ganz besonders, wenn wir Gegenströmung haben, an unsere Grenzen stoßen und mit eigener Kraft nicht weiterkommen.

„Der Heilige Geist, der in uns wohnt, will unsere Seele geschmeidig, lenksam und gehorsam für seine göttlichen Anregungen und himmlischen Eingebungen machen." (hl. Franz von Sales)

28. Welches sind die Gaben des Heiligen Geistes?

Die Gaben des Heiligen Geistes sind:

① Weisheit
② Verstand
③ Rat
④ Stärke
⑤ Wissenschaft
⑥ Frömmigkeit
⑦ Gottesfurcht

29. Wie erklärt man die Ordnung der sieben Gaben?

Die Ordnung der sieben Gaben des Heiligen Geistes kann man als einen *Aufstieg* erklären.

‣ Die Gottesfurcht ist die *grundlegendste*, die Weisheit aber die *höchste* der sieben Gaben.

‣ Die Gottesfurcht ist das *Fundament*, die Weisheit aber ist der *Gipfel*.

Von der Gottesfurcht steigt man bis zur Weisheit hinauf, denn *„Anfang der Weisheit ist die Furcht des Herrn"* (Spr 9, 10).

① Die Gottesfurcht macht *dem Bösen abgeneigt*.
② Die Frömmigkeit macht *dem Guten zugeneigt*.
③ Die Wissenschaft lehrt *unterscheiden*.
④ Die Stärke gibt *Kraft zum Guten*.
⑤ Der Rat zeigt *die richtigen Mittel*.
⑥ Der Verstand vervollkommnet den *Glauben*.
⑦ Die Weisheit vervollkommnet die *Liebe*.

30. Warum fürchten wir Gott?

Wir fürchten Gott, weil er *gerecht* ist, weil er *groß* ist und weil er *gut* ist.

Daraus ergeben sich drei Stufen der Gottesfurcht:

‣ *Erste Stufe*: Man denkt an die göttliche *Gerechtigkeit*.

Alles, was wir Gutes tun, wird Gott belohnen, und alles Böse wird er bestrafen.

In der Todesstunde wird jeder Mensch vor Gott stehen, um über sein ganzes Leben Rechenschaft zu geben (vgl. 2 Kor 5, 10). Dabei schaut Gott nicht nur auf das Offenbare, sondern auch auf das Verborgene des Herzens.

Für einen Menschen, der in Sünden lebt, möge der Gedanke an die Strafe heilsam sein!

‣ *Zweite Stufe*: Man denkt an die göttliche *Majestät*.

Wer Gott in seiner erhabenen Größe sieht, der wird sich selbst ganz klein sehen.

Heiliger Gottesschauer befiel den *Moses* am brennenden Dornbusch, den *Jakob* beim Traum von der Himmelsleiter und den *Petrus* nach dem wunderbaren Fischfang.

‣ *Dritte Stufe*: Man denkt an die göttliche *Liebe*.

Die Liebe bewirkt eine tiefe Verehrung für Gott. Sie macht das Herz sensibel und wachsam.

Diese höchste Stufe der Gottesfurcht heißt *Ehrfurcht*.

31. Was bewirkt die Gottesfurcht?

Die Gottesfurcht bewirkt, dass wir dem Bösen abgeneigt und unerschrocken werden.

Wer Gott fürchtet, der fürchtet sonst nichts. Gott ist vor dem Auge seiner Seele so groß, dass alles andere ihm als klein erscheint. Für ihn entscheidet nicht die *Mehrheit*, sondern nur die *Wahrheit*!

Die Kraft der Gottesfurcht überwindet alle *Menschenfurcht*. Sie lässt beherzt das Gute tun, ohne sich um das Gerede der Nachbarn oder den Spott der Kameraden zu kümmern.

Sie bewahrt in uns die Demut, vertreibt die Sünde und bereitet allen Tugenden den Weg ins Herz.

32. Wozu befähigt die Gabe der Gottesfurcht?

Die Gabe der Gottesfurcht befähigt, auch in schwierigen Situationen den Antrieb des Heiligen Geistes zu empfangen.

Wir brauchen die Gabe der Gottesfurcht,

‣ um schon die Gelegenheit zur Sünde entschieden zu meiden;
‣ um unsere religiösen und menschlichen Pflichten treu zu erfüllen;
‣ um den Glauben furchtlos zu bekennen, bis hin zum Martyrium.

Unser ganzes Denken, Reden und Tun soll von heiliger Gottesfurcht erfüllt sein!

33. Wovor sollen wir sonst noch Ehrfurcht haben?

Wir sollen Ehrfurcht haben vor allem, was heilig ist.

Ehrfürchtig begegnen wir den gottgeweihten Personen (Bischöfen, Priestern, Ordensleuten) und überhaupt allen Menschen, besonders wenn sie noch klein oder schwach und krank sind, und auch den Tieren und der Natur, die Gott geschaffen hat.

34. Was ist die Frömmigkeit?

Die Frömmigkeit ist kindliche Liebe zum Vater im Himmel. Sie lässt die Liebe in uns und uns in der Liebe tätig werden mit rascher Bereitschaft und Freude.

„Seht, welch große Liebe uns der Vater geschenkt hat: Kinder Gottes heißen wir und sind es." (1 Joh 3, 1)

‣ Die Frömmigkeit macht dem Guten zugeneigt.

‣ Sie äußert sich mehr in Taten als in Worten.

Ein frommer Mensch muss nicht lange überlegen, um Gutes zu tun, denn Gutes zu tun wird ihm so selbstverständlich wie das Atmen.

„Kindlein, wir wollen nicht lieben mit Wort und Zunge, sondern in Tat und Wahrheit." (1 Joh 3, 18)

„Wir wollen nicht müde werden, Gutes zu tun, denn zu seiner Zeit werden wir ernten, sofern wir nicht nachlassen. Lasst uns also, solange wir Zeit haben, allen Gutes tun, besonders den Brüdern im Glauben." (Gal 6, 9 f.)

"Es leuchte euer Licht vor den Menschen, damit sie eure guten Werke sehen und euren Vater preisen, der im Himmel ist." (Mt 5, 16)

Insbesondere bewirkt die Frömmigkeit:

‣ *Treue* in der Erfüllung der religiösen Pflichten;

‣ *Eifer* zur größeren Ehre Gottes;

‣ *Bereitschaft* zum Opfer aus Liebe zu Gott.

Hast du die Wahl zwischen *gut* und *böse*? So wähle kraft der Gottesfurcht das Gute!

Hast du die Wahl zwischen *gut* und *besser*? - So wähle kraft der Frömmigkeit das *Bessere*, auch wenn es das *Mühsamere* ist!

35. Wozu befähigt die Gabe der Frömmigkeit?

Die Gabe der Frömmigkeit befähigt, in der Kraft des Heiligen Geistes

‣ auch da noch zu lieben, wo das eigene Lieben an seine Grenzen stößt,

‣ und auch da noch treu zu sein, wo es Opfer kostet.

"Liebt eure Feinde, tut Gutes denen, die euch hassen, und betet für sie, die euch verfolgen und verleumden, auf dass ihr Kinder eures Vaters im Himmel seid." (Mt 5, 44 f.)

Wo Liebe ist, da ist kein Weg zu steil und keine Last zu schwer.

"Alles Gott zu Ehren, alles Gott zulieb!"

36. Was sind Werke der Frömmigkeit?

Werke der Frömmigkeit sind:

- ‣ In der Bibel und im Katechismus lesen.
- ‣ Sich sorgfältig auf die Sakramente vorbereiten.
- ‣ Nach der heiligen Messe eine Danksagung halten.
- ‣ Mit Gott leben und tagsüber gern an ihn denken.
- ‣ Aus Liebe zu Gott freiwillig auf etwas verzichten.
- ‣ Das Morgen-, Abend- und Tischgebet verrichten.
- ‣ Den Heiland im Tabernakel besuchen.
- ‣ Die Gottesmutter und die Heiligen verehren und sie nachahmen.

37. Was bedeutet Wissenschaft?

Wissenschaft bedeutet: *den Dingen auf den Grund gehen.*

Die Wissenschaft begnügt sich nicht mit oberflächlicher Erkenntnis. Sie will es genau wissen und fragt nach den Ursachen und tieferen Zusammenhängen.

Natürliche Voraussetzung für die Wissenschaft ist die Tatsache, dass Gott den Menschen nach seinem Ebenbild erschaffen und ihn mit Vernunft begabt hat.

Seit dem Sündenfall aber ist die Vernunft des Menschen getrübt. Deshalb ist es manchmal gar nicht leicht, die Dinge richtig zu sehen.

Durch die Gabe der Wissenschaft kommt der Heilige Geist uns zu Hilfe und erleuchtet unseren Verstand.

38. Wie lauten die wichtigsten Fragen der Wissenschaft?

Die wichtigsten Fragen der Wissenschaft lauten: ‚Woher?‘ und ‚Wozu?‘, denn alles hat eine Ursache, und alles hat einen Sinn.

‣ Auf der Suche nach der Ursache aller Dinge gelangt man vom *Sichtbaren* zum *Unsichtbaren* und von der *Schöpfung* zum *Schöpfer*.

‣ Wer Gott gefunden hat, kann dann alles in seinem Licht betrachten. So wird er die Welt und auch sich selbst viel besser verstehen.

39. Wozu hilft die Gabe der Wissenschaft?

Die Gabe der Wissenschaft hilft, gut zu *unterscheiden*.

‣ *Lebensnotwendig* ist, dass man Genießbares von Ungenießbarem zu unterscheiden lernt.

‣ *Heilsnotwendig* ist, dass man Gutes von Bösem zu unterscheiden lernt und dann das Gute tut.

Nur wer gut unterscheiden kann, der kann auch gut leben!

Manche Ideen scheinen vordergründig gut zu sein, doch in Wirklichkeit sind sie Versuchungen. Wenn man tiefer darüber nachdenkt, bemerkt man, dass sie gar nicht von *oben* kommen. Doch nur was von *oben* kommt, kann gut und richtig sein. Auch kommt das Gute stets aus der *Stärke*, das Böse aber aus der *Schwachheit*.

Konkret ist zu unterscheiden,

‣ was gut und was böse ist;
‣ was zum Heil gereicht und was zum Verderben;
‣ was vergänglich ist und was ewig bleibt.

„Geliebte, traut nicht jedem Geist, sondern prüft die Geister, ob sie aus Gott sind." (1 Joh 4, 1)

„Sammelt euch nicht Schätze auf Erden ..., sondern sammelt Schätze im Himmel, wo weder Motte noch Rost sie verzehren und wo Diebe nicht einbrechen und stehlen ..." (Mt 6, 19-21)

Wer die irdischen Dinge richtig sieht und sich über ihren wahren Wert nicht *täuscht*, sondern sie nach der Ordnung Gottes gut gebraucht, der muss nicht fürchten, am Tag der Rechenschaft *ent*täuscht zu werden.

40. Was vervollkommnet die Gabe der Stärke?

Die Gabe der Stärke vervollkommnet die Tugend der *Tapferkeit*.

Als Symbol trägt die Tapferkeit *Schwert* und *Schild*:

‣ Das *Schwert* gibt sie uns, um *Schwieriges in Angriff zu nehmen*.
‣ Den *Schild* gibt sie uns zum Schutz, um *Mühsames zu ertragen* und *in Schwierigkeiten durchzuhalten*.

Wir bedürfen der Gabe der Stärke, denn der Wille ist durch den Sündenfall geschwächt.

„Der Geist ist zwar willig, das Fleisch aber ist schwach." (Mk 14, 38)

41. Wozu befähigt die Gabe der Stärke?

Die Gabe der Stärke befähigt, auch da, wo die eigene Kraft an ihre Grenzen stößt, das Gute zu tun und in Prüfungen zu bestehen.

„Gott ist getreu; er wird euch nicht anfechten lassen über eure Kräfte, sondern bei der Anfechtung auch den Ausgang schaffen, dass ihr bestehen könnt." (1 Kor 10, 13)

Wozu Gott ruft, dazu *befähigt* er auch. Deshalb gibt es keine Schwierigkeit, die man nicht in der Kraft des Heiligen Geistes meistern könnte.

Auch die Heiligen wurden von Gott erprobt wie Gold im Feuer, und sie mussten Prüfungen bestehen.

„Wer will uns trennen von der Liebe Christi? Trübsal oder Bedrängnis oder Verfolgung oder Hunger oder Blöße oder Gefahr oder Schwert ...? In all dem obsiegen wir durch den, der uns liebt." (Röm 8, 35-37)

Wir brauchen die Gabe der Stärke,

‣ um Trägheit und Menschenfurcht zu überwinden,
‣ um Wankelmut und Flatterhaftigkeit zu besiegen,
‣ um allen Versuchungen tapfer zu widerstehen,
‣ um gute Vorsätze in die Tat umzusetzen,
‣ um im Glauben beharrlich und standhaft zu sein, bis hin zum Martyrium.

„Wenn einer im Wettkampf steht, empfängt er keinen Kranz, wenn er nicht nach Vorschrift gekämpft hat." (2 Tim 2, 5)

218

42. Was brauchen wir, damit der Heilige Geist kraftvoll in uns wirken kann?

Damit der Heilige Geist kraftvoll in uns wirken kann, brauchen wir *Demut* und *Vertrauen*.

▸ Die *Demut* hilft, dass wir uns nicht *überheben*.

▸ Das *Vertrauen* hilft, dass wir nicht *verzagen*.

„Wer meint, er stehe, der sehe zu, dass er nicht falle." *(1 Kor 10, 12)*

„Alles vermag ich in dem, der mich stärkt." *(Phil 4, 13)*

„Sage nicht etwa in deinen Gedanken: ‚Meine Kraft und die Stärke meiner Faust haben mir diesen Erfolg verschafft', sondern gedenke des Herrn, deines Gottes: Er ist es, der dir Kraft verleiht." *(Dt 8, 17 f.)*

„Der Herr ist meine Stärke und mein Schild, auf ihn vertraut mein Herz." *(Ps 28, 7)*

„Er verleihe euch nach dem Reichtum seiner Herrlichkeit, an Kraft zu erstarken durch seinen Geist im inneren Menschen." *(Eph 3, 16 f.)*

Weil wir schwache Menschen sind, können wir nicht im Voraus wissen, was wir im Ernstfall tun *werden*. Wohl aber wissen wir, was wir tun *müssten*.

Deshalb bitten wir demütig und vertrauensvoll den Heiligen Geist, dass er uns ein wachsames Herz gebe und uns stets beistehe mit der Kraft seiner Stärke.

„Stärke mich, dass ich es vermöge, gib, was Du verlangst, und verlange, was Du willst!" *(hl. Augustinus)*

43. Was vervollkommnet die Gabe des Rates?

Die Gabe des Rates vervollkommnet die Tugend der *Klugheit*.

Klugheit bedeutet: ① klar *sehen*, ② richtig *urteilen* und ③ gut *handeln*.

Durch sie kommt man nach ① reiflicher *Überlegung* zu ② richtigen *Entscheidungen* und ③ guten *Taten*.

Gegen die Klugheit sind *Unbesonnenheit* und *Unentschlossenheit*.

‣ *Unbesonnen* ist, wer handelt ohne vorher zu überlegen. Der Unbesonnene ist geistig *blind*.

‣ *Unentschlossen* ist, wer endlos überlegt, aber nicht handelt. Der Unentschlossene ist geistig *lahm*.

44. Wozu hilft die Gabe des Rates?

Die Gabe des Rates hilft uns zu praktischen Entscheidungen, was *hier* und *jetzt* zu tun ist. Sie befähigt, auch da, wo die eigene Klugheit an ihre Grenzen stößt, richtig zu entscheiden und gut zu handeln.

Vor allem vor wichtigen und für das ewige Heil bedeutsamen Entscheidungen soll man unbedingt den Heiligen Geist anrufen!

„Zeige, Herr, mir Deine Wege, und Deine Pfade lehre mich!" (Ps 25, 4)

„Emitte lucem tuam et veritatem tuam! - Sende aus Dein Licht und Deine Wahrheit!" (aus dem Stufengebet der hl. Messe)

45. Wozu brauchen wir die Gabe des Rates besonders?

Für uns selbst brauchen wir die Gabe des Rates,

‣ um unser geistliches Leben gut zu ordnen,

‣ um unsere Standespflichten zu erkennen und in den konkreten Situationen des Alltags den Willen Gottes zu erfüllen,

‣ um Gefahren für unser ewiges Heil entschieden zu meiden, gute Vorsätze zu fassen und sie beherzt in die Tat umzusetzen.

Damit unser *Leib* gesund bleibt, überlassen wir das Essen nicht dem Zufall, sondern halten uns an eine gute Ordnung. Damit unsere *Seele* gesund bleibt, brauchen wir eine gute *geistliche Tagesordnung* (GTO). Es kann sehr nützlich sein, diese GTO aufzuschreiben und bei der monatlichen Beichte Rechenschaft darüber zu geben!

„Wenn sie euch aber ausliefern, so habt nicht Sorge, wie oder was ihr reden sollt, denn es wird euch in jener Stunde gegeben werden, was ihr zu sagen habt. Denn nicht ihr seid es, die reden, sondern der Geist eures Vaters ist es, der in euch redet." (Mt 10, 19 f.)

Für andere brauchen wir die Gabe des Rates wenn es darum geht, Zeugnis für Christus zu geben oder andere Menschen zu führen.

‣ Die Gabe des Rates hilft, zur richtigen *Zeit* und unter den richtigen *Umständen* die richtigen *Worte* zu finden.

Wo es nötig ist zu tadeln, hilft die Gabe des Rates, dass es auf gütige Weise geschieht. Der andere soll nicht gedemütigt werden, sondern er soll Wohlwollen spüren, damit es ihm leichtfällt, sich zu bessern.

„Brüder! Selbst wenn einer bei einem Fehltritt angetroffen wird, sollt ihr als Geisterfüllte einen solchen im Geist der Milde zurechtweisen; denke dabei an dich selbst, damit nicht auch du versucht werdest. Einer trage des anderen Last, und ihr werdet so das Gesetz Christi erfüllen." (Gal 6, 1 f.)

46. Was vervollkommnet die Gabe des Verstandes?

Die Gabe des Verstandes vereint unser *Erkenntnisvermögen* mit Gott und vervollkommnet so den *Glauben*.

Glauben heißt, Gott vertrauen und sicher für wahr halten, was er geoffenbart hat und durch die Kirche zu glauben lehrt.

Weil Gott will, dass wir ihn erkennen, gibt er uns ein dreifaches Licht:

- das Licht der Vernunft   *lumen rationis*
- das Licht des Glaubens   *lumen fidei*
- das Licht der Glorie   *lumen gloriæ*

Mit dem *Licht der Vernunft* suchen wir nach immer tieferer Erkenntnis. Letztlich aber suchen wir Gott selbst, der *die* Wahrheit ist.

„Du hast uns erschaffen für Dich, o Herr, und unruhig ist unser Herz, bis es ruhet in Dir." (hl. Augustinus)

Das *Licht des Glaubens* empfangen wir als Gnade von Gott. Es steht über dem Licht der Vernunft und reicht viel weiter. Vieles in unserem Glauben *übersteigt* die Vernunft, aber nichts ist *gegen* die Vernunft, denn derselbe Gott, der uns den Glauben schenkt, hat uns auch die Vernunft gegeben.

Im *Licht der Glorie* wird unser Erkennen vollendet, denn im Himmel werden wir Gott in ewiger Glückseligkeit von Angesicht zu Angesicht schauen.

47. Wozu hilft uns die Gabe des Verstandes?

Die Gabe des Verstandes hilft uns, die von Gott geoffenbarten Wahrheiten tiefer und besser zu verstehen.

Durch die Gabe des Verstandes schenkt uns der Heilige Geist einen inneren Zugang zur ganzen Welt des Glaubens. Durch sie erkennen wir die Schönheit des katholischen Glaubens und wie gut es ist, als ein Kind der katholischen Kirche in der Fülle der Wahrheit und aus der Kraft der Sakramente zu leben und zu sterben.

„Noch vieles habe ich euch zu sagen, doch ihr könnt es jetzt nicht tragen. Wenn aber jener kommt, der Geist der Wahrheit, wird er euch hinführen zur vollen Wahrheit." (Joh 16, 12 f.)

Vom *Auge des Adlers* sagt man, es könne in die Sonne schauen, ohne zu erblinden. Durch die Gabe des Verstandes gibt uns der Heilige Geist gewissermaßen *Adleraugen* und erhebt unseren Blick zu Gott.

48. Was ist Weisheit?

Das lateinische Wort für Weisheit ist *sapientia*. Das kommt von *sapere = schmecken, verkosten*.

Die Weisheit lässt Geschmack finden an Gott und den göttlichen Dingen.

Symbol der Weisheit ist das Salz. Bei der Taufe gab der Priester uns geweihtes Salz auf die Lippen und sprach: *„Empfange das Salz der Weisheit. Gott schenke dir sein Wohlgefallen und führe dich zum ewigen Leben."*

Was das Salz für die Speise ist, das ist die Weisheit für das christliche Leben.

49. Was vervollkommnet die Gabe der Weisheit?

Die Gabe der Weisheit vereint unseren *Willen* mit Gott und vervollkommnet so die *Liebe*.

Sie befähigt uns, Gott aus ganzem Herzen und aus ganzer Seele in allem und über alles zu lieben.

Um diese Liebe immer mehr zu vertiefen, ruft Gott uns in die innigste Gemeinschaft mit sich selbst.

‣ Je *besser* man ihn kennt, desto *mehr* wird man ihn lieben, denn Gott ist unendlich liebenswert.

‣ Je *mehr* man ihn liebt, desto *besser* will man ihn kennen.

„Kostet und seht, wie gut der Herr ist!" (Ps 34, 9)

50. Was bewirkt die Gabe der Weisheit?

Die Gabe der Weisheit vereinigt uns aufs Innigste mit Gott und lässt uns ihm ähnlich werden.

‣ Wer *Geschmack* an Gott gefunden hat, der erkennt, wie schön die Tugend und wie hässlich die Sünde ist.

‣ Auch die irdischen Freuden werden ihm fad, denn die himmlische Weisheit ist unvergleichlich besser als alles andere.

„Was mir als Vorteil galt, das habe ich um Christi willen für Unwert erachtet. Ja, ich erachtete auch wirklich alles für Unwert angesichts der alles übertreffenden Erkenntnis Christi Jesu, meines Herrn; um seinetwillen gab ich alles auf und betrachtete es als Unrat, um Christus zu gewinnen und in ihm mich zu finden." (Phil 3, 7-9)

Die Weisheit macht das Herz weit und erfüllt es mit Sehnsucht nach vollkommener Vereinigung mit Gott.

„Mein Herr und mein Gott, nimm mich mir und gib mich ganz zu eigen Dir!" (hl. Bruder Klaus)

„Jesus, den verborgen jetzt mein Auge sieht, stille mein Verlangen, das mich heiß durchglüht! Lass die Schleier fallen einst in Deinem Licht, dass ich selig schaue, Herr, Dein Angesicht!" (hl. Thomas von Aquin)

„Gott ... gebe euch den Geist der Weisheit und Offenbarung, damit ihr ihn erkennt. Er erleuchte die Augen eures Herzens, damit ihr begreift, zu welcher Hoffnung ihr berufen seid und wie reich sein herrliches Erbe unter den Heiligen ist!" (Eph 1, 17 f.)

GRUNDGEBETE

Kreuzzeichen
Im Namen des Vaters
und des Sohnes
und des Heiligen Geistes. Amen.

Vater unser
Vater unser im Himmel, geheiligt werde Dein
Name, Dein Reich komme, Dein Wille geschehe,
wie im Himmel so auf Erden. Unser tägliches Brot
gib uns heute, und vergib uns unsere Schuld, wie
auch wir vergeben unseren Schuldigern, und führe
uns nicht in Versuchung, sondern erlöse uns von dem
Bösen. Amen.

Gegrüßet seist du, Maria
Gegrüßet seist du, Maria, voll der Gnade, der Herr
ist mit dir. Du bist gebenedeit unter den Frauen,
und gebenedeit ist die Frucht deines Leibes, Jesus.
Heilige Maria, Mutter Gottes, bitte für uns Sünder,
jetzt und in der Stunde unseres Todes. Amen.

Ehre sei dem Vater
Ehre sei dem Vater und dem Sohn und dem Heiligen Geist. Wie es war im Anfang, so auch jetzt
und allezeit und in Ewigkeit. Amen.

Gloria

Ehre sei Gott in der Höhe. Und auf Erden Friede den Menschen, die guten Willens sind. Wir loben Dich. Wir preisen Dich. Wir beten Dich an. Wir verherrlichen Dich. Wir sagen Dir Dank ob Deiner großen Herrlichkeit. Herr und Gott, König des Himmels, Gott, allmächtiger Vater. Herr Jesus Christus, eingeborener Sohn. Herr und Gott, Lamm Gottes, Sohn des Vaters. Du nimmst hinweg die Sünden der Welt: Erbarme Dich unser. Du nimmst hinweg die Sünden der Welt: Nimm unser Flehen gnädig auf. Du sitzest zur Rechten des Vaters: Erbarme Dich unser. Denn Du allein bist der Heilige. Du allein der Herr. Du allein der Höchste, Jesus Christus. Mit dem Heiligen Geist, in der Herrlichkeit Gottes des Vaters. Amen.

Apostolisches Glaubensbekenntnis

Ich glaube an Gott, den Vater, den Allmächtigen, den Schöpfer des Himmels und der Erde, und an Jesus Christus, seinen eingeborenen Sohn, unseren Herrn, empfangen durch den Heiligen Geist, geboren von der Jungfrau Maria, gelitten unter Pontius Pilatus, gekreuzigt, gestorben und begraben, hinabgestiegen in das Reich des Todes, am dritten Tage auferstanden von den Toten, aufgefahren in den Himmel; er sitzet zur Rechten Gottes, des allmächtigen Vaters; von dort wird er kommen, zu richten die Lebenden und die Toten. Ich glaube an den Heiligen Geist, die heilige katholische Kirche, Gemeinschaft der Heiligen, Vergebung der Sünden, Auferstehung des Fleisches und das ewige Leben. Amen.

Großes Glaubensbekenntnis

Ich glaube an den einen Gott, den allmächtigen Vater, Schöpfer des Himmels und der Erde, aller sichtbaren und unsichtbaren Dinge. Und an den einen Herrn Jesus Christus, Gottes eingeborenen Sohn. Er ist aus dem Vater geboren vor aller Zeit. Gott von Gott, Licht vom Licht, wahrer Gott vom wahren Gott; gezeugt, nicht geschaffen, eines Wesens mit dem Vater; durch ihn ist alles geschaffen. Für uns Menschen und um unsres Heiles willen ist er vom Himmel herabgestiegen. Er hat Fleisch angenommen durch den Heiligen Geist aus Maria, der Jungfrau, und ist Mensch geworden. Gekreuzigt wurde er sogar für uns; unter Pontius Pilatus hat er den Tod erlitten und ist begraben worden. Er ist auferstanden am dritten Tage, gemäß der Schrift. Er ist aufgefahren in den Himmel und sitzt zur Rechten des Vaters. Er wird wiederkommen in Herrlichkeit, Gericht zu halten über Lebende und Tote, und seines Reiches wird kein Ende sein. Ich glaube an den Heiligen Geist, den Herrn und Lebensspender, der vom Vater und vom Sohne ausgeht. Er wird mit dem Vater und dem Sohn zugleich angebetet und verherrlicht; er hat gesprochen durch die Propheten. Ich glaube an die eine, heilige, katholische und apostolische Kirche. Ich bekenne die eine Taufe zur Vergebung der Sünden. Ich erwarte die Auferstehung der Toten. Und das Leben der zukünftigen Welt. Amen.

GEBETE ZUM HEILIGEN GEIST

Pfingsthymnus

Komm, Schöpfer Geist, kehr bei uns ein,
besuch das Herz der Kinder Dein,
erfüll uns all mit Deiner Gnad',
die Deine Macht erschaffen hat.

Der Du der Tröster wirst genannt,
vom höchsten Gott ein Gnadenpfand,
Du Lebensbrunn, Licht, Lieb' und Glut,
der Seele Salbung, höchstes Gut.

O Schatz, der siebenfältig ziert,
o Finger Gottes, der uns führt,
Geschenk, vom Vater zugesagt,
Du, der die Zungen reden macht.

Zünd an in uns Dein Gnadenlicht,
gieß Lieb' ins Herz, die ihm gebricht,
stärk unsres Leibs Gebrechlichkeit
mit Deiner Kraft zu jeder Zeit.

Treib weit von uns des Feinds Gewalt,
in Deinem Frieden uns erhalt',
dass wir, geführt von Deinem Licht,
in Sünd' und Leid verfallen nicht.

Gib, dass durch Dich den Vater wir
und auch den Sohn erkennen hier,
und dass als Geist von beiden Dich
wir allzeit glauben festiglich.

Gott Vater Lob auf höchstem Thron
und seinem auferstand'nen Sohn;
dem Tröster auch sei Lob geweiht
jetzt und in alle Ewigkeit. Amen.

Pfingstsequenz

Komm, o Geist der Heiligkeit,
aus des Himmels Herrlichkeit
sende Deines Lichtes Strahl!

Vater aller Armen Du,
aller Herzen Licht und Ruh',
komm mit Deiner Gaben Zahl!

Tröster in Verlassenheit,
Labsal voll der Lieblichkeit,
komm, o süßer Seelenfreund!

In Ermüdung schenke Ruh',
in der Glut hauch' Kühlung zu,
tröste den, der trostlos weint!

O Du Licht der Seligkeit,
mach Dir unser Herz bereit,
dring' in unsre Seelen ein!

Ohne Deinen Gnadenschein
steht der arme Mensch allein,
kann nicht gut und sicher sein!

Wasche, was beflecket ist,
heile, was verwundet ist,
tränke, was da dürre steht!

Beuge, was verhärtet ist,
wärme, was erkaltet ist,
lenke, was da irre geht!

Heil'ger Geist, wir bitten Dich,
gib uns allen gnädiglich
Deiner sieben Gaben Kraft!

Gib Verdienst in dieser Zeit
und dereinst die Seligkeit
nach vollbrachter Wanderschaft!
Amen.

Anrufung zum Heiligen Geist

℣. Komm, Heiliger Geist, erfülle die Herzen Deiner
Gläubigen.

℟. Und entzünde in ihnen das Feuer Deiner Liebe.

℣. Sende aus Deinen Geist und alles wird neu geschaffen (Osterzeit: alleluja).

℟. Und Du wirst das Angesicht der Erde erneuern
(Osterzeit: alleluja).

Lasset uns beten.

Gott, der Du die Herzen Deiner Gläubigen durch
die Erleuchtung des Heiligen Geistes belehrst;
gib, dass auch wir in demselben Geiste das, was recht
ist, erkennen und seines Trostes uns allezeit erfreuen.
Durch Christus, unseren Herrn. ℟. Amen.

Gebet des hl. Augustinus

Atme in mir, Du Heiliger Geist,
dass ich Heiliges denke.
Treibe mich, Du Heiliger Geist,
dass ich Heiliges tue.
Locke mich, Du Heiliger Geist,
dass ich Heiliges liebe.
Stärke mich, Du Heiliger Geist,
dass ich Heiliges hüte.
Hüte mich, Du Heiliger Geist,
dass ich das Heilige nimmer verliere. Amen.

Um die Gaben des Heiligen Geistes

Deine Weisheit hauch' mir ein,
dass ich suche Gott allein!

Um Verstand ich innig fleh'
dass ich Gottes Wort versteh'!

Steh mir bei mit Deinem Rat,
dass ich geh den rechten Pfad!

Starkmut gib zu jeder Zeit,
fest zu steh'n in Freud und Streit!

Gib mir heil'ge Wissenschaft,
zeig' der Wahrheit Siegeskraft!

Schenk' mir wahre Frömmigkeit,
die nur Gott mein Leben weiht!

Stärk' mich in der Furcht des Herrn,
halt' von mir die Sünde fern! Amen.

Komm, o Geist der Weisheit, und binde mein Herz an mein höchstes Gut. Lehre mich, die himmlischen Güter zu lieben und sie allen irdischen Gütern vorzuziehen. Zeige mir den Weg, auf dem ich sie erlangen und in Ewigkeit besitzen kann! Amen.

Vater unser. - Gegrüßet seist du, Maria. - Ehre sei dem Vater.

Komm, o Geist des Verstandes, und erleuchte meine Seele. Lehre mich die Geheimnisse des Heiles immer tiefer verstehen und gib mir unerschütterlichen Glauben, damit ich zur beseligenden Gottesschau gelange! Amen.

Vater unser. - Gegrüßet seist du, Maria. - Ehre sei dem Vater.

Komm, o Geist des Rates, und stehe mir in allen Angelegenheiten dieses wechselvollen Lebens bei. Hilf mir, den göttlichen Willen zu erkennen und ihn zu erfüllen. Führe mich zum ewigen Heil! Amen.

Vater unser. - Gegrüßet seist du, Maria. - Ehre sei dem Vater.

Komm, o Geist der Stärke, gib mir Kraft und bewahre mich vor Verzagtheit und Wankelmut. Hilf mir, den guten Kampf zu kämpfen und alle Widerwärtigkeiten tapfer zu erdulden, damit ich die Krone des ewigen Lebens erlange! Amen.

Vater unser. - Gegrüßet seist du, Maria. - Ehre sei dem Vater.

Komm, o Geist der Wissenschaft, hilf mir, die Vergänglichkeit der Güter dieser Welt und ihre Eitelkeit zu durchschauen. Lehre mich, gut zu unterscheiden, damit ich nach Deinem heiligen Willen lebe und stets suche, was droben ist! Amen.

Vater unser. - Gegrüßet seist du, Maria. - Ehre sei dem Vater.

Komm, o Geist der Frömmigkeit, und erfülle mein Herz mit kindlicher Liebe, damit ich alle Tage meines Lebens den himmlischen Vater ehre, ihm diene und gern bereit bin, auch dem Nächsten Gutes zu tun! Amen.

Vater unser. - Gegrüßet seist du, Maria. - Ehre sei dem Vater.

Komm, o Geist der Gottesfurcht, und durchdringe mich mit heiliger Scheu, damit ich Dich, meinen Gott und Herrn, allzeit vor Augen habe und sorgfältig alles vermeide, was den reinsten Augen Deiner göttlichen Majestät missfallen könnte! Amen.

Vater unser. - Gegrüßet seist du, Maria. - Ehre sei dem Vater.

℣. Sende aus Deinen Geist und alles wird neu geschaffen.

℟. Und Du wirst das Angesicht der Erde erneuern.

Lasset uns beten.

Gott, dem jedes Herz offensteht, zu dem jedes Wollen spricht und dem nichts verborgen bleibt, läutere durch die Eingießung des Heiligen Geistes die Gedanken unseres Herzens, damit wir Dich vollkommen zu lieben und würdig zu loben vermögen. Durch Christus, unseren Herrn. ℟. Amen.

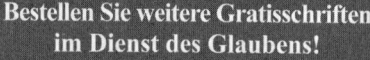
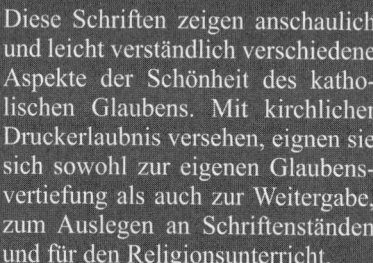
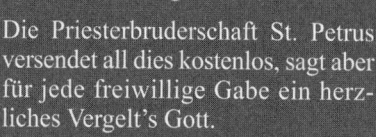
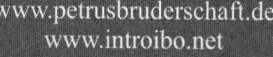

Logik der Liebe

Ob eine Ehe gelingt, ist nicht einfach nur ‚Glückssache'. Eine gute Vorbereitung und die beständige Arbeit an sich selbst und an der partnerschaftlichen Beziehung sind dabei unabdingbar.

Dieses handliche Buch ist aus langjähriger seelsorglicher Erfahrung entstanden. Es enhält einen umfassenden Ehekurs.

Jungen Menschen will es helfen, von vornherein Vieles richtig zu machen, Brautpaare auf der Zielgeraden zur Hochzeit begleiten und Eheleute zur Vertiefung und Erneuerung ihrer Beziehung führen. Dabei werden leicht verständlich viele grundlegende Themen sehr konkret behandelt.

Es ist kurzweilig geschrieben und spannend zu lesen!

Sexualerziehung

Je stärker die unguten Einflüsse in Schule und Gesellschaft werden, desto notwendiger ist es, dass Kinder von ihren Eltern ein klares und sauberes Wissen über die Geheimnisse des Lebens bekommen. Dazu hilft in ganz ausgezeichneter Weise dieser Vortrag von Frau Irmgard Hagspiel. Allen Eltern und Lehrern sei er wärmstens empfohlen!

Aus unserem
Verlagsprogramm

Für einen würdigen Altar:

- **Missale Romanum** - Vollständige Ausgabe des Römischen Altarmessbuches nach der Ordnung von 1962 in hochwertiger Ausführung mit klarer und übersichtlicher Gestaltung, einem robusten Schuber, Goldschnitt sowie handgefertigten Grifflaschen und Lesebändern. Das Altarmissale gibt es in zwei Ausführungen: ein in schwarzes Leder gebundenes Altarmissale und ein in bordeauxfarbenes Kunstleder gebundenes Kapellen- und Reisemissale.

- **Missæ Defunctorum** - Altarmissale für Totenmessen im Set mit passenden Kanontafeln.

- **Kanontafeln** - In zwei verschiedenen Ausführungen.

Für die Hand der Gläubigen:

- **Diurnale Romanum** - Darin enthalten sind sämtliche Horen des Römischen Breviers nach der Ordnung von 1962 für das ganze Kirchenjahr, lateinisch und deutsch, mit Ausnahme der Matutin.

- **Volksmissale** - Unser Volksmissale steht für die jugendliche Frische des überlieferten Messritus, denn im Unterschied zu bisherigen Repro-Prints gibt es den Eindruck, ein lebendiges Buch zu sein. Ganz neu und übersichtlich gestaltet und in hochwertiger Ausführung, enthält es das gesamte Altarmessbuch lateinisch und deutsch. Die wortgetreue Übersetzung führt nahe an die Sinnfülle der lateinischen Texte heran. Neben den Messen *pro aliquibus locis* finden sich darin auch die Riten der Taufe, der Firmung, der Trauung, der Beerdigung sowie eine Gebetssammlung.

www.introibo.net
www.petrusbruderschaft.de